Guy Fischer · Franziska Melzig

E-Learning mit Plan

Guy Fischer
Franziska Melzig

E-Learning mit Plan

Ein praktischer Wegweiser durch die Welt des digitalen Lernens

GABAL

Externe Links wurden bis zum Zeitpunkt der Drucklegung des Buches geprüft.
Auf etwaige Änderungen zu einem späteren Zeitpunkt hat der Verlag keinen Einfluss.
Eine Haftung des Verlags ist daher ausgeschlossen.

Ein Hinweis zu gendergerechter Sprache: Die Entscheidung, in welcher Form alle Geschlechter angesprochen werden, obliegt den jeweiligen Verfassenden.

Bibliografische Information der Deutschen Nationalbibliothek

Die Deutsche Nationalbibliothek verzeichnet diese Publikation in der Deutschen Nationalbibliografie; detaillierte bibliografische Daten sind im Internet über http://dnb.d-nb.de abrufbar.

ISBN 978-3-96739-256-2

Lektorat: Dr. Michael Madel
Umschlaggestaltung: Guido Klütsch, Köln
Autorenfotos: Guy Fischer, Franziska Melzig
Illustrationen: Anne Petzke
Satz und Layout: Das Herstellungsbüro, Hamburg | www.buch-herstellungsbuero.de
Druck und Bindung: Salzland Druck GmbH & Co. KG, Löbnitzer Weg 10, D-39418 Staßfurt, vertrieb@salzland-druck.de

Wir drucken in Deutschland.

www.gabal-verlag.de
www.gabal-magazin.de
www.facebook.com/Gabalbuecher
www.x.com/gabalbuecher
www.instagram.com/gabalbuecher

PEFC-zertifiziert
Dieses Produkt stammt aus nachhaltig bewirtschafteten Wäldern und kontrollierten Quellen
PEFC/04-31-2251
www.pefc.de

Inhalt

In Liebe für Bella.
Guy

Meiner Familie – die mir zeigt, dass selbst die kleinen Momente des Alltags verborgene Wunder und neue Entdeckungen bereithalten.
Franziska

Vorwort

»Lernen ist Erfahrung, alles andere ist Information.« Dieser Satz, der wohl von Albert Einstein stammt, hat für E-Learning-Verantwortliche, Projektleitende und Instructional Designer eine besondere Bedeutung: Es beschreibt eine goldene Regel, an der auch wir uns in diesem Buch messen lassen möchten.

Unser Ziel ist es, Ihnen Werkzeuge und Ideen an die Hand zu geben, mit denen Sie den digitalen Wandel in Ihrem Unternehmen aktiv mitgestalten können.

Dabei steht für uns die Diskussion dieser Fragen im Fokus:

- Welche Gründe sprechen dafür, E-Learning als elementaren Bestandteil für das (digitale) Lernen in Ihrem Unternehmen einzusetzen?
- Was ist dabei zu beachten, welche Stolpersteine und Besonderheiten sollten Berücksichtigung finden?

Wir möchten zudem Ihre Fragen, Anregungen und auch Zweifel berücksichtigen. Wir stützen uns auf unsere E-Learning-Erfahrungen, die wir in vielen Jahren gesammelt haben, und unsere aktuellen Unterhaltungen mit E-Learning-Kundinnen und -Kunden. So stellen wir sicher, dass für Sie aus theoretischen Hintergründen und Information sowie gelebten Erfahrungen gesichertes Wissen wird, das Sie für Ihre E-Learning-Praxis nutzen können.

Lassen Sie uns gemeinsam den Weg des E-Learnings beschreiten, immer im Gespräch und stets auf Augenhöhe. Mit klaren Worten beschreiben wir, was beim digitalen Lernen wirklich zählt: praktische Lösungen, alltägliche Herausforderungen und die Freude am gemeinsamen Experimentieren. Wir teilen unsere Erfahrungen und Erkenntnisse mit Ihnen, denn wir sind sicher, dass echter Fortschritt meistens dann entsteht, wenn mehrere Menschen gemeinschaftlich zusammenwirken.

Wir heißen Sie willkommen zu einem Buch, das mehr ist als nur ein Ratgeber – es führt zu einem lebendigen Austausch, der Sie in Ihrer beruflichen und persönlichen Entwicklung unterstützen wird.

Guy Fischer und Franziska Melzig

Einleitung

E-Learning mit Plan und Inspiration umsetzen

Warum dieses Buch? Es versteht sich als praxisnaher Leitfaden und Inspirationsquelle – ein Begleiter für alle, die eigene E-Learning-Konzepte entwickeln, implementieren und optimieren möchten.

Die rasante Entwicklung moderner Technologien und der zunehmende Trend zum »Selbermachen« in Unternehmen führen dazu, dass traditionelle Lernformate – und auch traditionelle Anbieter – immer öfter hinterfragt werden. Unternehmen stehen vor der Herausforderung, nicht nur Schritt zu halten, sondern aktiv neue Wege in der digitalen Bildung zu gehen. Hier setzt unser Buch an: Es bietet einen Überblick zu den Wurzeln des E-Learnings, beleuchtet dessen evolutionären Entwicklungsschritte und zeigt, wie aktuelle Technologien erfolgreich integriert werden können: von modernen Lernmanagementsystemen über innovative Content-Formate bis hin zu Ansätzen wie Blended Learning, Flipped Classroom und Gamification, die nun auch vermehrt für Unternehmen nutzbar sind.

Ob Sie als Neueinsteiger in den Bereich der digitalen Bildung starten oder als bereits projektverantwortliche Person auf der Suche nach frischen Impulsen und Best-Practice-Beispielen sind – dieses Buch spricht alle an.

Wir kombinieren fundierte theoretische Grundlagen mit praxisnahen Methoden, Checklisten und Praxisbeispielen aus langjähriger Agenturerfahrung. Unser Ziel ist es, Ihnen nicht nur das nötige Rüstzeug zu vermitteln, sondern bei Ihnen auch eine Leidenschaft für innovative Bildungstechnologien zu entfachen.

Der steigende Bedarf an flexiblen, personalisierten und kosteneffizienten Lernlösungen ist in Unternehmen so groß wie nie zuvor. Mit der Verbreitung des Internets und mobiler Endgeräte hat sich die Art und Weise, wie Wissen vermittelt und aufgenommen wird, grundlegend verändert. Unternehmen, die ihre Mitarbeitenden kontinuierlich weiterbilden und fördern wollen, stehen vor der Aufgabe, traditionelle Präsenzformate mit digitalen Lernangeboten zu ergänzen oder gar zu ersetzen. Genau hier bietet unser Buch wertvolle Hilfestellungen:

- Es liefert Ihnen nicht nur einen Überblick über den aktuellen Stand der Technik,
- sondern gibt auch konkrete Empfehlungen, wie Sie bestehende Prozesse optimieren und neue Konzepte zielgruppengerecht umsetzen können.

Natürlich ist die digitale Transformation nicht frei von Herausforderungen. Technologische Hürden, Datenschutzfragen sowie soziale und pädagogische Aspekte erfordern ein durchdachtes und integriertes Konzept. Unser Buch geht diesen Themen systematisch nach – von der Auswahl und Implementierung geeigneter Technologien bis hin zu den didaktischen Herausforderungen, die sich im Umgang mit neuen Lernmethoden ergeben. Mithilfe von Best-Practice-Beispielen und praxisorientierten Fallstudien erfahren Sie, wie andere Unternehmen diese Hürden erfolgreich gemeistert haben und welche Strategien auch für Ihre Organisation zum Erfolg führen können.

Wir möchten Sie ermutigen, die im Buch vermittelten Ideen und Methoden als Ausgangspunkt zu nehmen und selbst aktiv zu werden.

TIPP-BOX

Dazu finden Sie in diesem Buch immer wieder hilfreiche Tipp-Boxen, die zum Beispiel wichtige Umsetzungshinweise beinhalten.

Die Zukunft des Lernens ist digital, interaktiv und vor allem individuell. Die Art, wie wir Wissen erwerben, wandelt sich rasant – und Sie können diesen Wandel aktiv mitgestalten. Wenn Sie eigene E-Learning-Konzepte aufbauen und kontinuierlich weiterentwickeln, steigern Sie nicht nur die Kompetenzen Ihrer Mitarbeitenden. Gleichzeitig prägen Sie eine Unternehmenskultur, in der Innovation und lebenslanges Lernen ganz natürlich dazugehören.

Wir wissen: Das ist keine einfache Aufgabe. Aber Sie müssen nicht gleich alles auf einmal umsetzen. Stattdessen zeigen wir Ihnen, wie Sie Schritt für Schritt vorgehen können. Dazu bieten wir Ihnen konkrete Hinweise und erprobte Umsetzungsanleitungen. Wir erläutern, welche Methoden besonders für Einsteiger geeignet sind und wann fortgeschrittene Techniken in unterschiedlichen Unternehmenskontexten den Ausschlag geben. Wir richten uns an alle, die den digitalen Wandel in der Bildung aktiv vorantreiben wollen.

Wir präsentieren Lehrenden, Content-Entwicklern und Entscheidungsträgern praxisnahe Impulse, die direkt anwendbar sind.

Dabei verbinden wir fundiertes theoretisches Wissen mit handfesten Werkzeugen und echten Erfolgsgeschichten. Unser Ziel ist es, den oft komplexen Prozess der Digitalisierung von Bildungslandschaften greifbar und umsetzbar zu machen. Lassen Sie uns gemeinsam diesen Weg gehen – in einem Dialog auf Augenhöhe. Wir wissen, dass der Start herausfordernd sein kann. Aber mit klaren, praxisorientierten Schritten werden Sie feststellen, dass Veränderung möglich ist.

Packen wir es also an, Schritt für Schritt, damit Sie Ihre Lernumgebung nachhaltig verändern können. Unser Vorgehen sieht so aus: Nach einer komprimierten Darstellung der E-Learning-Historie beschäftigen wir uns mit einem zentralen Aspekt des E-Learnings – dem Lernmanagementsystem – und zentralen pädagogischen Ansätzen und Methoden wie zum Beispiel Blended Learning, Gamification, Simulationen und Lernspielen. In den Kapiteln 4 und 5 thematisieren wir die Chancen und Vorteile des E-Learnings und stellen dar, wie Sie die Stolpersteine auf dem Weg zum digitalen Lernen entfernen.

Das sechste Kapitel bildet eines der Herzstücke dieses Buches. Denn hier stellen wir Ihnen einige Beispiele gelungener E-Learning-Initiativen und -Programme vor – zur Nachahmung empfohlen.

Und nachdem wir uns in Kapitel 7 mit den zukunftstreibenden Themen Künstliche Intelligenz und Virtual Reality sowie Augmented Reality beschäftigt haben, ziehen wir ein Fazit und schließen das Buch mit einem kurzen Ausblick ab.

KAPITEL 1

Eine spannende Reise durch die Geschichte des E-Learnings

Die Geschichte und Entwicklung des E-Learnings ist eine faszinierende Reise, die von den Anfängen in den 1960er-Jahren bis hin zu den modernen, komplexen Onlinebildungssystemen reicht, die wir heute kennen. Dieser Weg ist von technologischen Durchbrüchen, der zunehmenden Verbreitung des Internets und einer ständigen Professionalisierung der Lehrmethoden geprägt.

E-Learning im Schnelldurchgang

Was einst als experimenteller Einsatz audiovisueller Medien in Bildungseinrichtungen begann, hat sich zu einem globalen Standard entwickelt, der den Zugang zu Bildung revolutioniert hat. Die Abbildung verdeutlicht die zeitliche Entwicklung.

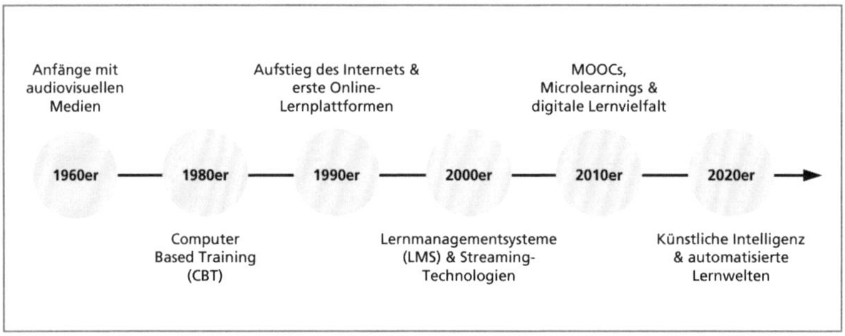

Die Anfänge des E-Learnings: Audiovisuelle Medien

Bereits in den 1960er-Jahren erkannten Pioniere im Bildungsbereich das Potenzial neuer Technologien, um den Lernprozess zu verbessern. Die Einführung audiovisueller Medien, wie Filmprojektoren und Tonbandgeräte, war ein bedeutender Schritt zur Veranschaulichung und Vertiefung von Lerninhalten. Diese Hilfsmittel trafen zunächst auf klassische Pädagogik; sie wurden in Klassenzimmern und Universitäten eingesetzt, um das Lernen anschaulicher und zugänglicher zu gestalten. Ein typisches Beispiel dafür waren wissenschaftliche oder technische Demonstrationen, die mithilfe von Filmen oder Dias verdeutlicht wurden.

In den 1970er-Jahren kam dann die sogenannte Bildplatte auf den Markt, ein optisches Speichermedium, das als Vorläufer der CD (Compact Disc) galt. Die Bildplatte ermöglichte es, audiovisuelle Inhalte, wie Lehrvideos, auf eine zugängliche und wiederholbare Weise zu präsentieren. In Schulen und Universitäten wurde diese Technologie verwendet, um Lernstoffe visuell darzustellen, die durch Text allein schwer verständlich waren. Studierende konnten komplexe Themen – wie etwa chemische Reaktionen oder historische Ereignisse – durch Filme nachvollziehen und so besser begreifen. Ein besonderer Vorteil der Bildplatte war die Möglichkeit, bestimmte Abschnitte des Materials immer wieder abzuspielen, was den Lernprozess individualisierte und flexibilisierte. So musste nicht immer im Hörsaal ein Herz transplantiert werden, um den Medizinstudierenden das korrekte Vorgehen aufzuzeigen.

Trotz ihrer Bedeutung hatte die Bildplatte jedoch ihre Grenzen. Sie war ein statisches Medium, das den Lernenden wenig Raum für Interaktion bot. Lernende konnten die Inhalte zwar wiederholen, aber sie blieben passive Konsumenten des Materials. Dennoch bereitete diese Technologie den Boden für die kommenden Entwicklungen im E-Learning, indem sie aufzeigte, wie Technologie das Lernen bereichern kann. Sie war ein Vorläufer dessen, was später durch den Einsatz von Computern und interaktiven Medien noch viel intensiver erforscht und weiterentwickelt wurde – ein erster kleiner Tropfen im Meer des E-Learnings.

Die Geburt der interaktiven Lernmedien: Computer Based Training

Der wahre Durchbruch in der Entwicklung des E-Learnings erfolgte in den späten 1970er- und frühen 1980er-Jahren mit der Einführung des PCs (Personal Computers). Mit der Verbreitung von Computern eröffnete sich eine völlig neue Dimension des Lernens. Zum ersten

Mal konnten Lernende direkt in den Lernprozess eingebunden werden, anstatt nur passive Zuschauende zu sein. Dieser neue Ansatz, der als Computer Based Training (CBT) bekannt wurde, ermöglichte es, Lernprogramme interaktiver und personalisierter zu gestalten.

CBT nutzte die wachsenden Fähigkeiten von Computern, um Lerninhalte in modulare Einheiten zu unterteilen. Lernende konnten die Module in ihrem eigenen Tempo durcharbeiten, interaktive Aufgaben und Tests bewältigen und ihren Fortschritt individuell kontrollieren. Dies machte das Lernen nicht nur flexibler, sondern auch effektiver, da es den Nutzenden erlaubte, ihren spezifischen Bedürfnissen und Lernrhythmen zu folgen. Solche Programme waren zunächst vor allem auf Disketten und später auf CDs verfügbar, was die Verbreitung von CBT (auch ohne Internet) verhältnismäßig einfach machte.

Jedoch war die Technologie dieser frühen CBT-Programme noch stark begrenzt. Die Grafikfähigkeiten der Computer waren bestenfalls rudimentär; oft konnten nur einfache Darstellungen und Text verwendet werden. Multimedia-Inhalte, wie Videos oder komplexe Animationen, waren kaum möglich; und die Speicherfähigkeit von Disketten war sehr eingeschränkt. Zudem könnten die Programme noch nicht über das Internet interagieren, sondern mussten direkt mit dem Betriebssystem des jeweiligen Computers kommunizieren, was häufig zu Kompatibilitätsproblemen führte.

Trotz dieser Einschränkungen war CBT ein bedeutender Schritt nach vorn, insbesondere in der beruflichen Weiterbildung. Große Unternehmen wie Siemens, IBM oder die Deutsche Bahn nutzten CBT schon früh, um Mitarbeitende zu schulen und deren beruflichen Qualifikationen zu verbessern. Diese Programme waren nicht nur eine aufregende Alternative zu traditionellen Schulungen, sondern boten auch eine kosteneffiziente Möglichkeit, Mitarbeitende an verschiedenen Standorten mit den gleichen Inhalten zu schulen.

Der Durchbruch des Internets: Eine neue Ära des Lernens

Einen weiteren Meilenstein erreichte das E-Learning in den späten 1980er- und frühen 1990er-Jahren mit der zunehmenden Verbreitung des Internets. Was zunächst als Netzwerk für den Austausch wissenschaftlicher Daten zwischen Universitäten und staatlichen Einrichtungen begann, entwickelte sich schnell zu einer Plattform, die das Lernen revolutionierte. Der Durchbruch gelang 1989, als Tim Berners-Lee das World Wide Web erfand. Zum ersten Mal war es möglich, nicht nur Informationen zu konsumieren, sondern sie auch aktiv zu teilen, zu diskutieren und zu erstellen.

Die frühen 1990er-Jahre markierten die Entstehung der ersten Onlinelernplattformen, die es Bildungseinrichtungen ermöglichten, ihre Kurse einer breiteren Öffentlichkeit anzubieten. Ein herausragendes Beispiel war die Open University in Großbritannien, die bereits seit den 1970er-Jahren auf Fernunterricht spezialisiert war. Mit dem Internet konnten ihre Kurse nun weltweit angeboten werden. Studierende aus aller Welt hatten Zugang zu hochwertigen Bildungseinrichtungen, unabhängig von ihrem geografischen Standort.

Zunächst waren die Möglichkeiten des Internets im E-Learning relativ rudimentär. Die meisten frühen Lernplattformen nutzten textbasierte Foren und E-Mail-Kommunikation, um den Austausch zwischen Lehrenden und Lernenden zu fördern. Studierende konnten Aufgaben und Materialien online abrufen und diese dann per E-Mail zur Bewertung zurücksenden. Dies war ein einfacher, aber effektiver Weg, um Fernunterricht zu organisieren und zu strukturieren, und markierte den Anfang des modernen E-Learnings.

Multimedia und die Entstehung des Web 1.0

Mit der zunehmenden Verbreitung von PCs und dem Internet in den 1990er-Jahren begann sich die Art und Weise, wie Lerninhalte vermittelt wurden, zu verändern. Die Möglichkeit, multimediale Elemente wie Videos, Animationen und Grafiken in den Lernprozess zu integrieren, machte das Lernen nicht nur visuell ansprechender, sondern auch nachgewiesen effektiver. In dieser Zeit, die oft als die Ära des »Web 1.0« bezeichnet wird, dominierten statische Webseiten das Internet. Diese boten hauptsächlich Informationen an, ohne jedoch viele Möglichkeiten zur Interaktion zu bieten.

Da Menschen stets nach Prozessoptimierung streben, wurden nicht lang danach erste Produktionswerkzeuge entwickelt. Die Entwicklung dieser benutzerfreundlichen Tools ermöglichte es, Lerninhalte schneller und effizienter zu erstellen. Lernplattformen wie Blackboard oder WebCT boten den Lehrenden eine einfache Möglichkeit, ihre Kurse online zu organisieren. Gleichzeitig wuchs die technische Infrastruktur, sowohl aufseiten der Entwickler als auch aufseiten der Nutzenden, sodass E-Learning zu einem festen Bestandteil der Bildungslandschaft wurde.

Lernmanagementsysteme und die Revolution des Wissens

Mit der Entwicklung von Lernmanagementsystemen (LMS) in den späten 1990er-Jahren wurde das E-Learning weiter professionalisiert. LMS boten eine zentrale Plattform, auf der Lernende sich registrieren, Lernmaterialien abrufen, Prüfungen ablegen und direkt mit Lehrenden kommunizieren konnten. Wie bereits erwähnt, revolutionierte die Einführung von Systemen wie Blackboard im Jahr 1997 das Onlinelernen, da sie die Verwaltung und Organisation von Kursen stark vereinfachte. Diese Entwicklung schien nun Früchte zu tragen: Diese Systeme machten E-Learning zu einer standardisierten Praxis in Schulen, Universitäten und Unternehmen.

Die 2000er-Jahre brachten eine weitere große Veränderung mit sich, als das schnelle Internet zunehmend verfügbar gemacht wurde. Dies ermöglichte den Einsatz von Streaming-Videos, was den Weg für Plattformen wie YouTube oder beispielsweise die 2008 gegründete Khan Academy, die umfangreiches Lernmaterial zur Verfügung stellt, ebnete. Mit dieser Entwicklung wurde der Zugang zu Bildung globalisiert und für eine breite Masse erleichtert. Millionen von Menschen hatten nun kostenlosen Zugriff auf hochwertige Bildungsinhalte, unabhängig von ihrem geografischen oder finanziellen Hintergrund.

Der nächste Schritt in diese Richtung war die Einführung von Massive Open Online Courses (MOOCs). Plattformen wie Moodle, Coursera, edX und Udemy machten es möglich, dass Millionen von Lernenden weltweit an Kursen von renommierten Universitäten teilnehmen konnten. MOOCs demokratisierten den Zugang zu Bildung weiter, da sie eine flexible Möglichkeit boten, an erstklassigen, von Experten betreuten Bildungsprogrammen teilzunehmen.

Parallel dazu setzte sich E-Learning auch in der Arbeitswelt durch. Unternehmen integrierten Lernplattformen, um ihre Mitarbeitenden kontinuierlich weiterzubilden und ihre Schulungsprogramme zentral verwalten zu können.

Technologisierung, Digitalisierung und erhöhte Nutzerzentrierung: Das E-Learning hat in den vergangenen Jahrzehnten nicht nur einen technischen, sondern auch einen kulturellen Wandel vollzogen, der das Lernen für immer verändert hat.

Viele dieser Entwicklungen haben noch heute weitreichende Folgen für die E-Learning-Branche – die Innovationsquote ist so hoch wie noch nie. Gerade auf Einsteigende kann diese Vielfalt im ersten Moment einschüchternd wirken. Damit es bei Ihnen nicht so weit kommt – dafür sorgen wir mit diesem Buch!

E-Learning-Branche und Status quo

Bis heute sind Hunderte von Lernprogrammen zu allen möglichen Themen entstanden. Durch den technischen Fortschritt in den letzten 30 Jahren wurden Trainings auf sehr unterschiedliche Art und Weise produziert, etwa mit eigenen oder diversen fremden Autorentools. Bei mangelnder Funktionalität der Drittanbieterprodukte wurde vieles auch von Hand programmiert. Wir haben von einfachsten Textbasierten Programmen bis hin zu Echtzeit-3D-Spielen viele abwechslungsreiche Formate gesehen – und entsprechend viel dabei gelernt. Eine große Rolle haben unsere Erfahrungen aus dem hauseigenen Ton- und Videostudio und – nicht wegzudenken in den letzten Jahren – aus dem Umgang mit KI-Methoden gespielt.

Die grundsätzlichen Abläufe sind immer ähnlich (siehe die Abbildung): Kickoff – Konzept – Drehbuch – Layouts / Prototyp – Beta-Produktion – Master-Produktion.

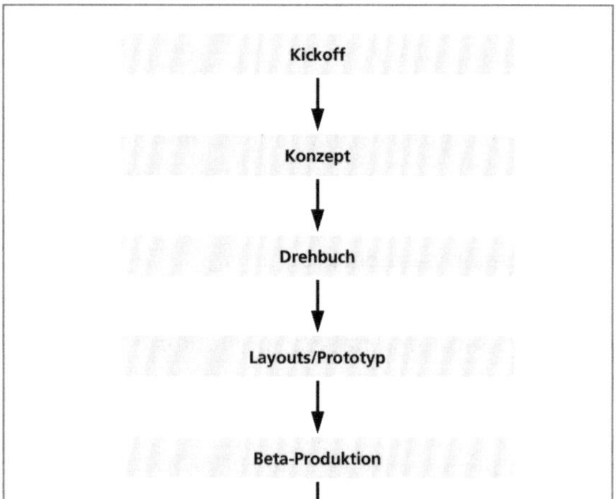

Dazwischen liegen oft diverse Feedbackschleifen mit Stakeholdern. Die Projektteams setzen sich bei uns aus verschiedenen Expertenfeldern zusammen: Sie bestehen meist aus einer Projektleitung, einem Autor oder einer Autorin, Grafikern und Programmierern. Diverse einfache Programme, die mit Standardtools erstellt werden, benötigen nicht einmal mehr zwingend Programmierer – diese Aufgaben können dann das Grafikteam oder die Autoren fließend übernehmen.

Die Entwicklung durch spezialisierte E-Learning-Agenturen erfolgte dabei größtenteils parallel zur allgemeinen Entwicklung des E-Learnings: In den frühen Jahren prägten technische Probleme die Fertigung. Öfter waren Projekte an bestimmten Punkten Pilotprojekte – absolutes Neuland für die gesamte Branche. Durch die Fortschritte in der Fertigung ging und geht die grundlegende Erstellung nun deutlich reibungsloser von der Hand. Die aktuelle Herausforderung besteht primär darin, dass es sehr viele gute Möglichkeiten gibt, Lerninhalte umzusetzen. Je nach Zielsetzung kann mit unterschiedlichen Technologien fast jedes Format erstellt werden, das kundenseitig erträumt wurde: klassische WBTs, Game-Based E-Learnings, Learning Nuggets, interaktive Videos, Messenger Learning Formate, AR/VR – um nur einige zu nennen.

Dadurch kann didaktisch zielgerichteter gearbeitet werden, Thema und Zielgruppe können verstärkt berücksichtigt werden. Für Produzenten ist die Challenge also nicht mehr das Meistern der E-Learning-Technologie, sondern der hochoptimierten Nutzerzentrierung. Dieser Anspruch überträgt sich nun zunehmend auch auf die Unternehmen, die E-Learning seit der Corona-Pandemie deutlich öfter selbst entwickeln möchten. Für externe Produzenten kommt jedoch noch ein weiterer Fokus hinzu: Immer wieder müssen sie noch innovativere Formate entwickeln. Dies ist essenziell geworden, um dem Unternehmen Mehrwert bieten zu können, da einfache und standardisierte Produkte von den Kunden leichter selbst umzusetzen sind.

Doch egal, ob interner oder externer E-Learning-Produzent: Die Fülle der gangbaren Wege kann im ersten Moment ziemlich erschlagend wirken. Lassen Sie uns gemeinsam einen Blick in die nicht allzu ferne Zukunft werfen, um Ihnen nicht nur die Ergebnisse dieser langjährigen Entwicklungen zu zeigen, sondern Ihnen auch konkrete und kurzfristige Handlungsideen für Ihre nächsten Entwicklungsschritte an die Hand zu geben. Beginnen wir mit dem Kernpunkt moderner Bildungsorganisation.

▶ QUICKREADER:
Das Wichtigste dieses Kapitels im raschen Überblick

- **Mit der Einführung von Computer Based Training in den 1980er-Jahren wurde der Grundstein für interaktive und individualisierte Lernprozesse gelegt.**
- **Der Durchbruch des Internets in den 1990er-Jahren hat den Zugang zu Bildung weltweit revolutioniert und neue Online-Lernplattformen ermöglicht.**
- **Die Integration von Multimedia-Elementen und die Etablierung von Lernmanagementsystemen in den 2000er Jahren haben E-Learning weiter professionalisiert.**
- **Moderne Entwicklungen wie MOOCs, Mobile Learning, Künstliche Intelligenz und immersive Technologien demonstrieren, dass E-Learning kontinuierlich an Bedeutung gewinnt und sich an neue Anforderungen anpasst.**
- **Technologische Herausforderungen sind immer weniger ein Problem, der Wandel zu einer eher konzeptionellen Herausforderung erfolgt.**
- **Viele gute Methoden sorgen für viele »richtige« Lösungen – es geht nun vermehrt um tatsächliche Zielgruppenorientierung.**

KAPITEL 2

Das Lernmanagementsystem als Herzstück moderner Bildungsorganisation

Dass das E-Learning mit der Entwicklung von Lernmanagementsystemen (LMS) in den späten 1990er-Jahren professionalisiert wurde, wissen Sie bereits. Was aber genau ist ein LMS? Das ist das Thema des zweiten Kapitels. Vorab schon einmal so viel: Es die Hauptaufgabe eines LMS, das Lernen rund um digitale Lerninhalte als auch synchrone Veranstaltungen zu managen. Dadurch ist es möglich, gebündelt und schnell Transparenz über die gesamte Aus- und Weiterbildung zu erlangen.

Konkrete Unterstützung durch ein LMS

Ein Lernmanagementsystem ist weit mehr als nur eine digitale Plattform, um Lerninhalte zu sammeln – es ist der Kernaspekt einer modernen Bildungsorganisation. Ursprünglich wurde ein LMS vorrangig zur Planung, Verwaltung, Durchführung und Überwachung von Bildungs- und Schulungsmaßnahmen eingesetzt. Doch das Konzept »LMS« hat sich den letzten Jahren zu einem zentralen Tool weiterentwickelt, das in Schulen, Universitäten, Unternehmen und anderen Bildungseinrichtungen gleichermaßen eingesetzt wird.

Die digitalen Plattformen ermöglichen es Lehrenden, Lernmaterialien bereitzustellen, Kurse strukturiert zu verwalten und den individuellen Lernfortschritt der Teilnehmenden transparent nachzuvollziehen. Die Hauptaufgabe eines LMS liegt darin, sowohl Lernende als auch Lerninhalte effizient zu managen – eine Aufgabe, die in der Praxis oft weit über das reine Bereitstellen von digitalen Dokumenten hinausgeht, indem beispielsweise automatische Lernpfade generiert oder passend zu den Aufgabenbereichen entsprechende Trainings und Dokumente vorgefiltert werden.

Ein gutes LMS schafft dabei also nicht nur Ordnung, sondern bietet zudem die Möglichkeit, den Lernprozess gezielt zu steuern und bei Bedarf flexibel in den Schulungsablauf zu integrieren.

In neuerer Zeit managen die LMS-Lösungen neben digitalen Inhalten meist auch Präsenzschulungen und integrieren die Seminarverwaltung (sowohl bei Online- als auch bei Präsenzveranstaltungen und Workshops) in die digitale Plattform. Durch zum Beispiel Kalendereinträge, Erinnerungsmails und Raumbuchungen ist dieser Teil des

LMS sogar manchmal größer und vor allem komplexer als der Teil, der sich mit elektronischen Lerninhalten befasst (siehe etwa das iSpring Learn LMS).

Als zentraler Knotenpunkt Ihrer Lerninhalte, der den gesamten Lern- und Lehrprozess strukturiert und unterstützt, fallen einem LMS natürlich so einige Aufgaben in die Netzwerk-Hände. Die meisten LMS-Anbieter stellen dafür auch passende Schulungen bereit, um Ihnen die Bedienung im Back End zu erleichtern. Je nach LMS kann hier aber frei entschieden werden, wie viele der Funktionen wirklich genutzt werden sollen. Gerade bei der Neueinführung sollten Sie nicht alles auf einmal probieren: Setzen Sie einen Fokus, wählen Sie die passenden Methoden und bauen Sie dann bei gutem Gelingen nach und nach darauf auf. Und ehe Sie sich versehen, verschmelzen unterschiedliche Funktionen zu einem harmonischen Gesamtbild, das den Bildungsalltag erheblich vereinfacht. Zudem lassen sich viele Funktionen allgemein beschreiben, da sie auf die meisten digitalen Plattformlösungen zutreffen.

Erleichterung für Verwaltung und Organisation

Die Kursverwaltung im LMS erlaubt es, Kurse schnell zu erstellen und strukturiert zu organisieren. So lassen sich beispielsweise komplexe Weiterbildungsprogramme in leicht verdauliche Einheiten (sogenannte »Wissenshappen« oder »Microlearnings«) gliedern. Ein Dozent in einem IT-Seminar könnte etwa einen Kurs in Module wie »Grundlagen der Programmierung«, »Objektorientierte Ansätze« und »Praxisprojekte« aufteilen. Die flexible Zuweisung – ob automatisch oder manuell – sorgt dafür, dass jeder Lernende exakt den richtigen Kursinhalt zur richtigen Zeit erhält.

Ein praktisches Beispiel:

> **In einer Sprachschule wird ein Kurs in einzelne Module wie Grammatik, Wortschatz und Konversation unterteilt. Jede Einheit enthält Lektionen und abschließende Tests, sodass der Fortschritt der Teilnehmenden stets nachvollziehbar ist. Nach bestandenen Tests kann das System automatisch zum nächsten Modul überleiten, was den Lehrenden viel Vorarbeit abnimmt.**

Ein ebenso zentraler Aspekt ist die Benutzerverwaltung. Hier werden unterschiedliche Nutzergruppen wie Studierende, Lehrkräfte und Administratoren individuell angelegt und konfiguriert. In einer Organisation können etwa Mitarbeitende in unterschiedlichen Abteilungen in passende Gruppen eingeteilt werden, während Trainer erweiterte Rechte erhalten, um Inhalte zu bearbeiten und Zertifikate anzulegen. Ein besonderer praktischer Nutzen zeigt sich in der Verwaltung von Klassen oder Abteilungen – etwa, wenn die Personalabteilung in einem Unternehmen mithilfe des LMS gezielt Weiterbildungsangebote an verschiedene Mitarbeitergruppen für unterschiedliche Onboarding-Prozesse verteilt.

Die Bereitstellung von Lernmaterialien bietet darüber hinaus vielfältige Möglichkeiten. In einem technischen Kurs können beispielsweise PDF-Dokumente, Lehrvideos, interaktive Simulationen und Präsentationen zentral hochgeladen werden. Wie bereits erwähnt, erfreuen sich auch Schnittstellen zu Präsenzveranstaltungen zunehmender Beliebtheit und sind teilweise vollständig in die digitale Plattform eingefügt. Dank der zusätzlichen Integration von Drittanbieter-Tools wie YouTube, Google Docs, H5P oder SCORM-kompatiblen Inhalten wirkt die Einbettung im System trotzdem nahtlos und konsistent. Die Lernenden merken also oftmals nicht einmal, dass sie nun auf externe Quellen zugreifen.

Dazu wieder ein Beispiel:

Ein Kurs zur Webentwicklung bindet neben interaktiven Code-Beispielen auch externe Tutorials ein, wobei Gamification-Elemente wie Fortschrittsbalken oder virtuelle Abzeichen trotzdem weiterhin über das LMS laufen und die Motivation zusätzlich steigern.

Wie üblich gilt es hier, mögliche Nutzungslizenzen zu prüfen und regelmäßig nachzujustieren, falls beispielsweise ein YouTube-Video gelöscht werden soll.

Führt digitales Lernen zu einer (zu) großen Distanz? Unsinn, sagen wir! Der Austausch durch Kommunikation und Kollaboration kann hier erheblich gefördert werden. Ein modernes LMS bietet Foren, Chats und Diskussionsgruppen, die den Austausch untereinander fördern – ganz ohne steife Formalitäten. Die Integration von Videokonferenz-Tools wie Zoom, Microsoft Teams oder BigBlueButton ermöglicht zudem, dass Lernende und Lehrende direkt in Kontakt bleiben können, sei es per Live-Session oder über direkte Nachrichten. Dies bietet sich besonders für Blended Learning oder Flipped-Classroom-Formate an, um individuelle Fragen zeitnah mit Dozierenden zu klären oder Feedback zu geben. So wird ein kontinuierlicher Dialog – sowohl untereinander als auch mit den Trainern – gewährleistet, der nicht nur den Informationsfluss sicherstellt, sondern auch eine lebendige Lern-Community entstehen lässt.

TIPP-BOX

Nutzen Sie synchrone Meetings, um in einem Flipped-Classroom-Format (in der Light-Variante) die Chance für Rückfragen oder spezifische, vertiefende Inhalte zu geben.

Tests, Abschlüsse und Zertifikate nutzen

Besonders bei dem Tracking von Abschlüssen zeigt sich, wie wertvoll ein gut konfiguriertes LMS in der Aufgaben- und Prüfungsverwaltung ist. Teilweise werden beispielsweise Tests, Quiz und Prüfungen direkt im System erstellt – was nicht nur den didaktischen Aufbau durch eine Lernerfolgskontrolle unterstützt, sondern auch den administrativen Aufwand reduziert (besonders bei rechtlich vorgegebenen Schulungsthemen). Sie könnten so in einem Kurs zur digitalen Transformation leicht ein interaktives Quiz integrieren – sei es LMS-seitig oder als SCORM mit passenden Parametern-, das automatisch bewertet wird und unmittelbar detailliertes Feedback liefert.

Parallel dazu übernimmt das System die Abgabeverwaltung, indem der erfolgreiche Abschluss digital eingereicht und Fristen zentral überwacht werden. Dies sorgt für einen reibungslosen Ablauf und lässt sowohl Lehrende als auch Administratoren den Fokus auf die inhaltliche Betreuung legen. Als Bonus: Kurz vor Ablauf relevanter Fristen verschicken fast alle Systeme auch gern passende Erinnerungen an den offenen (und im Vorfeld zugewiesenen) Kurs. Diese Art Tracking funktioniert auch für adaptive Lernpfade, zum Beispiel: Ein Vertriebsmitarbeiter erhält nach Abschluss eines Moduls automatisch eine Erinnerung für den nächsten Schritt in seinem Weiterbildungsprogramm, wodurch ein kontinuierlicher und strukturierter Lernpfad gewährleistet wird.

Teil dieser automatisierten Verwaltung sind die automatisch generierten Zertifikate und Qualifikationen. Nach erfolgreichem Kursabschluss generiert das System Teilnahmezertifikate, die nicht nur den Lernerfolg dokumentieren, sondern auch den Nachweis über erworbene Qualifikationen liefern. In vielen akademischen und beruflichen Kontexten ist dies ein entscheidender Pluspunkt – etwa, wenn ein Unternehmen die Weiterbildung seiner Mitarbeitenden transparent dokumentieren und in die individuelle Karriereplanung integrieren möchte. Durch die direkte, software-seitige Verbindung mit Weiterbildungsplänen wird zudem sichergestellt, dass zukünftige Lernangebote der richtigen Zielgruppe zugeordnet werden können.

Für die Administratoren ermöglichen diese Fortschrittskontrollen und Analysen eine präzise Nachverfolgung des Lernprozesses. Neben den einsehbaren Kursstatistiken generieren fortschrittliche LMS oder externe ROI-Software individuelle Berichte und Statistiken, die den Lernfortschritt detailliert dokumentieren. So kann etwa ein Unternehmen im Rahmen seiner internen Weiterbildung exportierte Daten nutzen, um zu erkennen, in welchen Bereichen zusätzliche Unterstützung erforderlich ist – was besonders für Konzerne mit einer unüberschaubaren Anzahl an Lernenden große Vorteile mit sich bringen kann.

Mehr Zeit fürs Wichtige

Diese Automatisierung des Ausbildungsmanagements, bei dem ein modernes LMS den gesamten Lernprozess intelligent steuert, kann den Verantwortlichen viel Zeit für administrative Tätigkeiten sparen – Zeit, die so besser zur Entwicklung von neuen Inhalten und Strategien genutzt werden kann. Anstatt Schulungen manuell zuzuweisen, ordnet das System Lernenden automatisch passende Kurse zu – etwa indem nach Abschluss von Kurs A automatisch der nächste Kurs B freigeschaltet wird. Dieser automatisierte Lernweg entlastet nicht nur die Verwaltung, sondern stellt auch sicher, dass der Bildungsprozess ohne Unterbrechungen abläuft. Wiederholungen und Auffrischungskurse können genauso automatisiert organisiert werden, was insbesondere in dynamischen Branchen (etwa der Automobilbranche) von großem Vorteil ist.

Ein modernes LMS bietet also weit mehr als die reine Bereitstellung von Lerninhalten:

Ein LMS integriert Aufgaben- und Prüfungsverwaltung, Fortschrittsanalysen, Zertifikatsmanagement und automatisierte Ausbildungsabläufe zu einem durchdachten Gesamtkonzept – ein Konzept, das den administrativen Aufwand minimiert und den Lernprozess für Sie vorstrukturiert.

Also: Was denken Sie? Welche Funktionen könnten Ihnen für Ihr nächstes Projekt am ehesten unter die Arme greifen?

Von groß bis klein: LMS-Lösungen und ihre Vor- und Nachteile

Der Markt für Lernmanagementsysteme ist äußerst vielfältig, und es gibt nur sehr geringfügige Unterschiede bezüglich des Preises, der Funktionalität, der Zielgruppe und des Implementierungsaufwandes. Für welche Lösung Sie sich entscheiden, hängt daher von den technischen Gegebenheiten, besonders aber von der jeweiligen Zielsetzung ab. Grundsätzlich sind die Größe und die Anzahl der Sonderfunktionen von entscheidender Bedeutung. Wichtig ist:

»Investiere in dich selbst. Es zahlt die besten Zinsen.«
Benjamin Franklin in: »The Way to Wealth«
(»An investment in knowledge always pays the best interest.«)

Große LMS-Lösungen

Große Lösungen wie SAP SuccessFactors oder Cornerstone bieten einen enormen Funktionsumfang und sind darauf ausgelegt, selbst komplexe Ausbildungsanforderungen und Trackingparameter in großen Unternehmen zu managen. Sie sind ideal für Konzerne mit mehreren zehntausend Mitarbeitenden, die über verschiedene Standorte hinweg einheitliche Schulungsprozesse etablieren müssen. Der Vorteil dieser Lösungen liegt in ihren umfangreichen Funktionen für ein umfassendes Talent- und Lernmanagement, ihrer Skalierbarkeit für global agierende Unternehmen und den vielfältigen Anpassungsmöglichkeiten. Das Problem, neben dem hohen Preis, ist die langwierige und teure Implementierung und die Tatsache, dass diese Lösungen nur von spezialisiertem Fachpersonal administriert werden können. Diese Lösungen sind daher für Weltkonzerne mit Hunderttausenden an Mitarbeitenden ideal, für mittelständische Unternehmen mit wenigen Tausend Beschäftigten jedoch oft überdimensioniert und alles andere als ressourcensparend.

Große LMS-Lösungen

Was spricht dafür?	Was spricht dagegen?
■ Umfangreiche Funktionen für umfassendes Talent- und Lernmanagement ■ Skalierbarkeit für global agierende Unternehmen ■ Hohe Anpassungsmöglichkeiten	■ Hohe Kosten und Dauer in Anschaffung, Implementierung und Wartung ■ Benötigt spezialisiertes Fachpersonal für die Administration

TIPP-BOX

Die großen LMS-Lösungen sind ideal für Weltkonzerne mit Hunderttausenden Mitarbeitenden und hohem Tracking- und Auswertungsbedarf. Mittelständische Unternehmen mit wenigen Tausend Beschäftigten zahlen hier oft für Funktionen, die sie nie nutzen werden.

Mittlere LMS-Lösungen

Mittlere Lösungen wie die IMC Learning Suite oder nectar von Fischer, Knoblauch & Co. richten sich an kleine bis große Unternehmen und bieten eine ausgewogene Mischung aus Funktionsumfang und Benutzerfreundlichkeit. Sie ermöglichen sowohl die Verwaltung digitaler als auch von Präsenzschulungen und lassen sich meist innerhalb weniger Wochen (im Vergleich zu den Monaten großer Lösungen) implementieren. Sie sind flexibel für verschiedene Unternehmensgrößen geeignet, bieten ein gutes Preis-Leistungs-Verhältnis und können oft von HR-Abteilungen selbst administriert werden. Allerdings haben sie weniger spezialisierte Funktionen als große Lösungen und bieten unter Umständen eingeschränkte Anpassungsmöglichkeiten. Für Unternehmen, die eine solide, aber nicht überdimensionierte Lösung suchen, sind sie jedoch eine gute Wahl, da die meisten Standardbedarfe abgedeckt werden können.

Mittlere LMS-Lösungen

Was spricht dafür?	Was spricht dagegen?
■ Schneller implementiert als große Lösungen ■ Gutes Preis-Leistungs-Verhältnis ■ HR-Abteilungen können die Administration oft selbst übernehmen	■ Oft weniger spezialisierte Funktionen oder Anpassungsmöglichkeiten als große Lösungen

TIPP-BOX

Unternehmen, die eine solide, aber nicht überdimensionierte Lösung suchen, sollten sich in dem mittleren Segment umsehen. Die meisten Standardbedarfe lassen sich damit gut abdecken.

Kleine LMS-Lösungen

Kleine Lösungen sind weit verbreitet, da fast jede E-Learning-Agentur sie anbietet. Diese rudimentären Lösungen dienen in erster Linie dazu, einige digitale Lerninhalte vereinzelt bereitzustellen. Diese Systeme sind oft minimalistisch und eignen sich für einfache Schulungszwecke, nicht jedoch für ein umfassendes Ausbildungsmanagement. Ihr Vorteil liegt in der schnellen Einsatzbereitschaft, der direkten Integration mit den angebotenen Lerninhalten und den meist deutlich geringeren Kosten. Allerdings weisen sie begrenzte Funktionalitäten und wenig Flexibilität auf, sind häufig nicht auf dem neuesten Stand der Technik und bringen potenzielle Sicherheitsrisiken sowie einen hohen Wartungsaufwand mit sich. Unternehmen, die lediglich einzelne Lernprogramme verteilen möchten, können mit einer solchen Lösung starten; für ein umfassendes Schulungsmanagement sind sie jedoch meist ungeeignet.

Kleine LMS-Lösungen

Was spricht dafür?	Was spricht dagegen?
■ Schnell einsetzbar und oft kostengünstig	■ Begrenzte Funktionalität und wenig Flexibilität
■ Reicht für einfache Schulungszwecke aus	■ Häufig nicht auf dem neuesten Stand der Technik
■ Direkte Integration mit den angebotenen Lerninhalten	■ Sicherheitsrisiken und hoher Wartungsaufwand

TIPP-BOX

Kleine LMS sind eine Lösung für Unternehmen, die nur einzelne Lernprogramme verteilen wollen. Für ein umfassendes Schulungsmanagement sind sie jedoch meist ungeeignet.

Lassen Sie uns einen Blick auf weitere LMS-Lösungen werfen.

LMS-Funktionen als Teil von umfassenden HR-Lösungen

Lernmanagementsysteme sind manchmal auch Teil größerer HR-Lösungen. Systeme wie Workday beinhalten beispielsweise LMS-Funktionalitäten, die jedoch oft nicht den Standard eigenständiger mittlerer oder großer LMS erreichen. Der Vorteil liegt eindeutig in der einheitlichen Benutzerführung: Anwendende müssen sich nicht zusätzlich in ein neues System einarbeiten, da das LMS in die bereits genutzte HR-Software integriert ist. Viele Unternehmen setzen neben ihrer umfassenden HR-Lösung zusätzlich ein spezialisiertes LMS ein, sobald spezifischere Funktionalitäten benötigt werden. Wenn sich die Möglichkeit bietet, könnten die HR-Lösungen jedoch einen guten Einstieg in LMS-Umgebungen bieten.

Seminarmanagement mit LMS

Ein weiteres Beispiel für alternative LMS-Systeme im Unternehmenskontext ist eine programmatisch erweiterte Seminarverwaltungssoftware. So verwendete Siemens (und verwendet teilweise immer noch) lange Zeit den TC Manager, eine ältere Software, die ursprünglich für Seminarverwaltung entwickelt wurde. Nachträglich wurden dann LMS-Funktionen »dazu-programmiert«. Solche hybriden Systeme sind jedoch – nicht zuletzt wegen ihrer »Frankensteins Monster«-Natur – häufig problematisch. Bei LMS-Lösungen verhält sich das wie bei jeder Software: Wenn Software über Jahre hinweg mit zusätzlichen Funktionen ergänzt wird und so organisch über die Ursprungsfunktionen hinauswächst, kann sie unübersichtlich und schwer bedienbar werden. Die ursprüngliche Architektur war schließlich nicht für diese Erweiterungen ausgelegt.

Zudem basiert der Code oft auf veralteten Technologien – ein Problem für die Wartung und ein Risiko für die IT-Sicherheit. Trotzdem kann eine solche Lösung sinnvoll sein, wenn ein Unternehmen primär Präsenzseminare verwaltet und lediglich ergänzend – schnell und günstig – einige zusätzliche digitale Lerninhalte bereitstellen möchte. In diesem Fall kann ein programmatisch erweitertes Seminarverwaltungssystem eine kostengünstige Alternative zu einem vollwertigen LMS darstellen – sofern die richtigen Vorsichtsmaßnahmen ergriffen werden.

Open-Source-Lösungen

Neben kommerziellen Lösungen gibt es auch Open-Source-LMS. Moodle und Ilias sind die bekanntesten Vertreter. Diese Systeme wurden ursprünglich für ein akademisches Setting entwickelt – Ilias entstand an der Universität Köln, während Moodle von einem australischen Entwickler entwickelt wurde. Der Einsatz von Open-Source-Lösungen ist hier primär eine Frage der Weltanschauung und nicht unbedingt der Kosten. Befürworter sprechen sich besonders dafür aus, da sie dem Glauben folgen, dass der Code jedem frei zugänglich sein sollte, und die Peer-Review-Schleifen auch eine attraktive Kontrollinstanz gegenüber kommerziellen Produkten darstellen. Aus Kostensicht wirkt es jedoch oft nur auf den ersten Blick günstiger: Open-Source-Lösungen bieten durch eine Vielzahl frei verfügbarer Erweiterungen eine hohe Anpassungsfähigkeit, setzen jedoch ebenfalls Mitarbeitende oder Dienstleister mit spezialisiertem Know-how in der Implementierung und Wartung voraus. Zudem gelten sie als weniger benutzerfreundlich außerhalb des akademischen Umfelds und sind potenziell anfälliger für Sicherheitsprobleme, da ihr Code öffentlich einsehbar ist. Während Universitäten und Bildungseinrichtungen häufig auf Open-Source-LMS setzen, werden sie in Unternehmen eher selten verwendet.

LMS versus LXP

Learning Experience Platforms (kurz LXP) erfüllen zwar grundlegend ähnliche Aufgaben wie Lernmanagementsysteme, unterscheiden sich aber in ihrer Grundidee und konkreten Funktionsweise als »Lernerfahrung«. Während LMS traditionell auf die Verwaltung, Strukturierung und Bereitstellung von Lerninhalten fokussiert sind, stellen LXPs eine nutzerzentrierte Alternative dar, die exploratives und individualisiertes Lernen ermöglicht – und dadurch oft auch weniger linear funktionieren. Die freie Konfiguration einer LXP setzt sich in deren konkreten Umsetzungsformen fort. Eine LXP sollte nicht nur klassische Schulungsinhalte bereitstellen, sondern auch externe Quellen wie Blogs, Podcasts oder Videos einbinden. So entsteht eine dynamische Lernumgebung, die Mitarbeitende durch Abwechslung stärker abholt als herkömmliche LMS-Lösungen.

Durch den Einsatz von Algorithmen können außerdem Lernempfehlungen an individuelle Bedürfnisse angepasst werden. Dies fördert eigenständiges Lernen und erhöht die Relevanz der Inhalte – beides Grundsätze der Andragogik, auf die wir später noch intensiver eingehen werden.

LXPs ermöglichen es den Nutzenden, Wissen auszutauschen, Inhalte zu bewerten oder Tipps und Tricks zu ergänzen.

Dies unterstützt kollaboratives Lernen und die Entwicklung einer aktiven Lernkultur – ebenfalls ein Grundsatz der Erwachsenenbildung. Zusätzlich ergibt sich ein weiterer Bonus: Viele LXPs setzen auf spielerische Gamification-Elemente wie Badges oder Punktesysteme sowie kurze, leicht verdauliche Microlearning-Einheiten, um die Motivation zu steigern. Für einige Anbieter bedeutet das auch, Inhalte in interaktiven (zum Beispiel) 3D- oder 360°-Umgebungen einzubinden.

In der Praxis zeigt sich, dass sich moderne LMS zunehmend in Richtung LXP weiterentwickeln. Viele etablierte Anbieter haben ihre Plattformen um Funktionen erweitert, die ursprünglich LXPs zugeschrieben wurden. So beinhalten mittlerweile auch LMS personalisierte Dashboards, Content-Empfehlungen und soziale Lernfunktionen, die eine interaktive und nutzerzentrierte Lernumgebung fördern. Daher ist die Unterscheidung zwischen LMS und LXP heute oft eher eine Frage des Marketings als eine klare technologische Abgrenzung – insbesondere mit Blick auf die großen und mittleren LMS-Lösungen.

KI und LMS

Wie in fast jedem Aspekt aktueller Technologie schreitet die Integration Künstlicher Intelligenz in Lernmanagementsysteme rasant voran. Kaum eine moderne LMS-Lösung kommt heute noch ohne KI-gestützte Funktionen aus. Doch die Technologie entwickelt sich so schnell, dass es schwierig ist, einen festen Status quo zu definieren. Es bleibt also in gewisser Weise abzuwarten, welche KI-Anwendungen sich als langfristig nützlich erweisen werden, und welche eher experimentellen Charakter haben.

Trotzdem zeichnen sich bereits jetzt realistische Trends ab, wie KI auf verschiedene Weise dauerhaft in Lernmanagementsystemen eingesetzt werden kann. Eine der häufigsten Anwendungen ist die automatisierte Inhaltserstellung. Mithilfe von KI lassen sich Texte, Bilder, Videos oder Übersetzungen generieren. Besonders für Unternehmen, die global agieren, kann die KI-gestützte Übersetzung von Lerninhalten einen enormen Effizienzgewinn bedeuten – egal, ob Untertitel, generierte Voicelines oder lippensynchrone Avatare.

Ein weiterer wichtiger Bereich ist die administrative Unterstützung. KI kann beispielsweise helfen, Kursbeschreibungen automatisch zu erstellen, Lernmaterialien zu taggen oder sogar Prüfungsfragen zu generieren, was das »Rundherum« bei der Platzierung der Schulungsmaterialien im LMS an sich erheblich erleichtern kann. Das spart Zeit und reduziert den manuellen Aufwand für Administratoren erheblich.

Spannend ist der Einsatz von Künstlicher Intelligenz zur Personalisierung von Lernpfaden. Durch die Analyse von Lerndaten können KI-Algorithmen individuelle Schulungsempfehlungen geben (wie die Serienempfehlung von Netflix, Amazon und Co), den Fortschritt der Lernenden überwachen und adaptive Lernwege vorschlagen.

Hier sind zukünftig die größten Fortschritte zu erwarten, denn der Mehrwert einer verlässlichen KI dieser Art wäre enorm für Lernen und Weiterbildung jeder Art – sei es Erwachsenenbildung, Universitäten oder Schulen.

Trotz der vielen Vorteile gibt es hier natürlich sehr präsente Herausforderungen. Einerseits ist unklar, welche KI-gestützten Funktionen tatsächlich langfristig einen Mehrwert bieten, beim Anwender aktiv nachfragen. Nicht jede automatisierte Funktion bringt echten Nutzen, und einige könnten sich als überflüssig erweisen. Weitere Themen sind die Datenqualität und der Datenschutz. KI-Systeme sind nur so gut wie die Daten, mit denen sie arbeiten. Gleichzeitig müssen Unternehmen sicherstellen, dass personenbezogene Lerndaten geschützt und nicht missbräuchlich verwendet werden. Die Balance zwischen individueller Lernförderung und Datenschutz wird daher eine entscheidende Rolle spielen. Die kommenden Jahre werden zeigen, welche KI-Anwendungen sich bewähren und welche eine Modeerscheinung bleiben.

Adaptivität

Ein Thema mit vielen Überschneidungen zu LXPs und KI-Lösungen ist Adaptivität. Das ist ein sehr stark verbreitetes Buzzword, aber was bedeutet Adaptivität im E-Learning? Kurz gesagt:

> **Adaptivität beschreibt die Fähigkeit eines Lernsystems, sich dynamisch an die individuellen Bedürfnisse der Lernenden anzupassen.**

Durch den Einsatz von Datenanalyse, Künstlicher Intelligenz und Machine Learning können personalisierte Lernwege geschaffen werden, die effektiver auf die jeweiligen Stärken, Schwächen, Präferenzen oder sogar bemerkte Wissenslücken eingehen. Dabei spielen verschiedene Faktoren eine Rolle:

- **Vorwissen und Fähigkeiten:** Inhalte passen sich automatisch an das bestehende Wissensniveau der Lernenden an.
- **Lernstil und Präferenzen:** Ob visuell, auditiv, interaktiv oder kooperativ – das System erkennt bevorzugte Lernmethoden und stellt entsprechende Materialien bereit.
- **Lernfortschritt und Performance:** Aufgaben und Schwierigkeitsgrade werden in Echtzeit angepasst, je nachdem, wie erfolgreich eine Person bisher gelernt hat.
- **Interessen und Ziele:** Lernmodule können auf berufliche oder persönliche Weiterentwicklungsziele abgestimmt werden.

Nicht jedes E-Learning-System bietet die gleiche Form der Adaptivität – und das muss es auch nicht. Es gibt unterschiedliche Modelle, die von einfachen regelbasierten Anpassungen bis hin zu KI-gestützten, selbstlernenden Systemen reichen. Die Hürde zum Einsatz muss dabei nicht so hoch sein, wie es zuerst klingt: Beginnen Sie mit kleinen Optimierungen durch regelbasierte Adaptivität und schauen Sie, wie es für Ihre Lernenden am besten funktioniert.

Bei regelbasierte (vordefinierter) Adaptivität erfolgt die Anpassung nach festen Regeln, die vorher von Didaktikern und Entwicklern festgelegt wurden. Ein klassisches Beispiel ist ein Quiz mit unterschiedlichen Schwierigkeitsstufen zu Beginn einer Lerneinheit. Diese sogenannten »Pre-Tests« oder »Test-Outs« helfen effektiv mit der Differenzierung: Wer eine bestimmte Punktzahl erreicht, bekommt komplexere Aufgaben gestellt, bei weniger Punkten werden hilfreiche Zusatzinformationen bereitgestellt. Wer alle Fragen richtig beantwortet, kann eine Pflichtschulung vielleicht sogar größtenteils überspringen. Solche Systeme sind relativ einfach umzusetzen und finden sich in nahezu jedem LMS. Sie sind sogar oft direkt in den Autorentools für die fertigen Trainings (und ihren SCORM-Paketen) programmierbar. Auch mit Betriebsräten oder anderen rechtlichen Entscheidungsträgern kommt es dabei tendenziell nicht zu Problemen, da die Fragen des Pre-Tests im Vorfeld nur vorsichtig mit den Lernzielen und geforderten Kompetenzen abgestimmt sein müssen, um abzusichern, dass tatsächlich relevante Inhalte abgefragt und so gesichert werden.

Dynamische Adaptivität

KI-gestützte (dynamische) Adaptivität nutzt – wie im KI-Abschnitt bereits kurz angeschnitten – Künstliche Intelligenz, um den Lernprozess in Echtzeit zu analysieren und gezielt darauf zu reagieren. Beispielsweise kann ein System erkennen, welche Fragen ein User häufig falsch beantwortet, um daraufhin gezielt ergänzende Inhalte bereitzustellen. Diese Form der Adaptivität erfordert jedoch aufwendige Datenmodelle und KI-Technologien, weshalb sie in vielen klassischen LMS noch nicht vollständig integriert ist. Der Weg bei der Entwicklung dieser Systeme ist noch weit, das Potenzial jedoch riesig. Eine der größten Hürden ist der erhöhte Aufwand bei der Content-Erstellung: Während klassische E-Learning-Kurse nach dem »One-Size-Fits-All«-Prinzip entwickelt werden, erfordert Adaptivität eine Vielzahl unterschiedlicher Module für verschiedene Lernstände.

Durch eine geschickte Modularisierung kann dieser Mehraufwand reduziert werden, doch dies geht häufig zulasten eines stringenten didaktischen oder Storytelling-basierten Ansatzes. Inhalte werden dadurch oft lexikalischer und verlieren ihre narrative Struktur. Deshalb ist es sinnvoll, eine gewisse Adaptivität einzubauen. Allerdings ist es wirtschaftlich und didaktisch nicht immer praktikabel, sie zu stark zu gewichten.

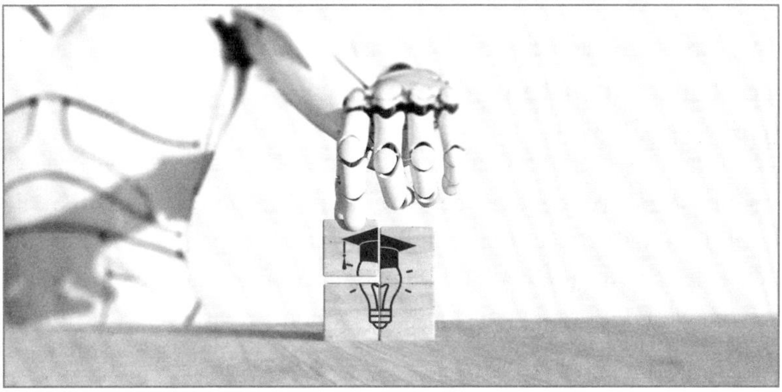

Quelle: Adobe Stock #591003953/Parradee

Ein Unternehmen, das stark auf adaptive Lerntechnologien setzt, ist Area9, das mit hohen Investitionen von Risikokapital versucht, sich durch spezialisierte Adaptivität im Markt zu etablieren. Allerdings zeigt sich, dass der Erfolg der Bemühungen begrenzt ist. Unternehmen wie Brillux setzen das System nur für spezifische Themen ein und halten weitere Inhalte im klassischen LMS fest, während andere wie Audi es getestet, aber letztlich nicht übernommen haben. Ein wesentlicher Nachteil ist, dass die für das System entwickelten Inhalte nicht ohne Weiteres in anderen LMS genutzt werden können – eine Abhängigkeit, die viele Firmen vermeiden wollen. Solche technologischen Sackgassen haben sich in der Vergangenheit oft als wenig nachhaltig erwiesen.

TIPP-BOX

Wenn Sie noch nicht sicher sind, welche Form der Adaptivität Sie für einen Kurs oder eine Trainingsreihe umsetzen möchten, könnten Pre-Tests ein guter Einstieg sein, der auch in der Umsetzung nur wenige Herausforderungen mit sich bringt.

Content-Formate und ihre Stärken und Schwächen

Im digitalen Lernen gibt es eine Vielzahl von Content-Formaten, die je nach Lernziel, Zielgruppe und technischem Kontext unterschiedlich eingesetzt werden. Während früher Lernprogramme auf Disketten oder CDs verbreitet wurden, sind sie heute meist online verfügbar und werden über Lernmanagementsysteme bereitgestellt. Ein entscheidender Fortschritt ist die Nutzung von Standards wie SCORM, AICC oder LTI, die eine Interaktion zwischen dem Lernmedium und dem LMS über einen »Rückkanal« ermöglichen. Durch diese Dateitypen kann an das LMS zurückgemeldet werden, wie Lernende mit den Inhalten interagieren und welche Fortschritte sie machen. Zu den Standards SCORM, xAPI, AICC und LTI erfahren Sie im Kapitel »Standards im E-Learning beachten« Genaueres.

Jedes Lernformat hat eigene Stärken und Schwächen und eignet sich für unterschiedliche Nutzungsszenarien. Ein Podcast lässt sich bequem auf dem Arbeitsweg hören, während ein Web Based Training eher eine strukturierte Bearbeitung am Bildschirm erfordert.

Schauen wir nun auf die gängigen Formate:

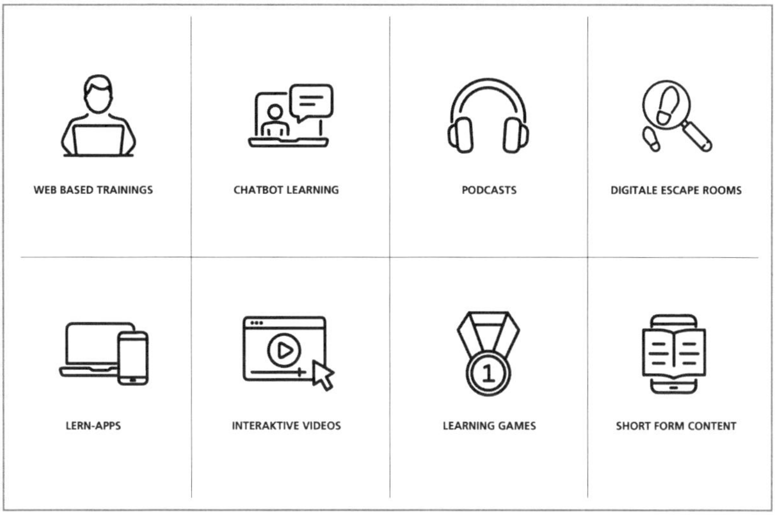

- **Web Based Trainings:** klassische E-Learning-Kurse, die interaktive Module, Videos, Quiz und Simulationen beinhalten können. Sie eignen sich gut für systematisches Lernen, sind jedoch oft linear aufgebaut und weniger explorativ.
- **Lern-Apps:** kleine, flexible Lerneinheiten, die meist auf Mobilgeräten genutzt werden. Sie sind ideal für das Microlearning geeignet, also das Lernen in kurzen Einheiten, die häppchenweise präsentiert werden und sich daher gut in den Arbeitsalltag integrieren lassen.
- **Chatbot Learning:** Lerninhalte, die über interaktive Chatbots vermittelt werden. Sie bieten eine dialogbasierte, oft personalisierte Lernerfahrung und eignen sich gut für spontane Wissensabfragen oder Soft-Skill-Trainings.
- **Interaktive Videos:** Videos mit eingebetteten Fragen, Entscheidungsbäumen oder interaktiven Elementen, die Lernende aktiv einbinden. Sie können klassische Schulungsvideos aufwerten und die Aufmerksamkeit erhöhen.

- **Podcasts:** Audioformate, die flexibel konsumiert werden können, etwa während der Autofahrt oder beim Sport. Sie eignen sich besonders für Experteninterviews, Storytelling-Ansätze und Wissensvermittlung ohne Bildschirmbindung.
- **Learning Games:** spielerische Lernansätze, die durch Gamification-Elemente wie Punkte, Ranglisten oder Herausforderungen die Motivation steigern. Sie eignen sich besonders für komplexe Themen, die durch Interaktion und Wiederholung besser verstanden werden.
- **Digitale Escape Rooms:** Szenario-basierte Lernspiele, in denen Lernende durch das Lösen von Aufgaben und Rätseln Wissen erwerben. Sie sind für Teamtrainings oder die spielerische Vermittlung von Problemlösungsfähigkeiten ideal.
- **Short Form Content:** Diese moderne Version von Lernhappen bietet kurze, prägnante Lerneinheiten im Stil von Social-Media-Plattformen wie TikTok oder Instagram Reels. Sie eignen sich besonders für Microlearning und das schnelle Vermitteln einzelner Konzepte oder Prozesse.

Wie bereits kurz erwähnt, hängt die Wahl des richtigen Formats stark von den individuellen Lernzielen und der Zielgruppe ab. Oft ist eine Kombination aus mehreren Formaten sinnvoll, um unterschiedliche Lernbedürfnisse optimal abzudecken. In den folgenden Abschnitten betrachten wir die einzelnen Formate detaillierter und zeigen, wie sie effektiv für welche Ziele eingesetzt werden können.

Web Based Trainings – Lehrmethode mit zahlreichen Einsatzmöglichkeiten

Wenn Menschen umgangssprachlich vom Format »E-Learnings« sprechen, meinen Sie damit meistens Web Based Trainings (kurz WBTs). Sie sind eine spezielle Form des E-Learnings, die ursprünglich ausschließlich über das Internet bereitgestellt wurden. Sie funktionieren wie eine Art spezielle Webseite; und wie Webseiten sind sie im Wesentlichen aus HTML und JavaScript aufgebaut. Diese Lernmethode wird insbesondere in der beruflichen Weiterbildung eingesetzt, stellt den Fokus vieler E-Learning-Agenturen dar und bietet zahlreiche Vorteile:

- **Zugänglichkeit:** Lernende können jederzeit und von jedem internetfähigen Gerät aus auf die Trainings zugreifen. Offline-Versionen können durch SCORM und Co. jedoch auch bereitgestellt werden.
- **Strukturierter Lernprozess:** WBTs sind oft in Module unterteilt, die nacheinander bearbeitet werden können (manchmal müssen), um einen logischen Lernfortschritt zu gewährleisten. Bei Modulen kann es sich um einzelne Kapitel oder aber um eigene Kurse handeln.
- **Multimediale Inhalte:** Durch die Integration von Videos, interaktiven Übungen und Simulationen wird das Lernen abwechslungsreicher und effektiver.
- **Automatisierte Lernkontrolle:** Viele WBTs enthalten Tests oder Quiz, um den Lernfortschritt zu überprüfen, automatisiert sofortiges Feedback zu liefern und gegebenenfalls individuelle Anpassungen vorzunehmen.

Zur Produktion von WBTs

In den frühen Anfängen des E-Learnings wurden Web Based Trainings nahezu manuell erstellt. Sie ersetzten frühere Lernprogramme, die lokal auf PCs liefen und als Computer Based Trainings (kurz CBTs) bekannt waren. Diese CBTs wurden direkt vom Betriebssystem abgespielt, mussten häufig installiert werden und wurden oft mit spezialisierten Autorensystemen wie damals ToolBook oder direkt in Programmiersprachen wie Visual Basic entwickelt. Mit der Verbreitung des Internets verlagerte sich die Erstellung von Lerninhalten zunehmend ins Web. Die ersten WBTs entstanden noch ohne standardisierte Schnittstellen wie SCORM und wurden mit klassischen Webdesign-Tools wie Microsoft FrontPage oder Macromedia Dreamweaver erstellt. Dazu kam dann häufig auch noch handgeschriebener HTML- und JavaScript-Code. Diese frühen WBTs waren statisch und nur begrenzt interaktiv, erfüllten aber den Zweck, Lerninhalte flexibel über einen Browser bereitzustellen. Heute werden WBTs mit modernen Autorentools erstellt, die kaum noch Programmierkenntnisse erfordern. Lösungen wie Articulate Storyline, Adobe Captivate oder Lectora ermöglichen es, interaktive Inhalte per Drag-and-Drop zusammenzustellen. Die Standardisierung durch SCORM, AICC oder xAPI sorgt zudem dafür, dass WBTs aus verschiedenen Autorentools trotzdem mit verschiedenen Lernmanagementsystemen kompatibel sind und detaillierte Lernfortschritte erfasst werden können.

Die Erstellung von WBTs erfolgt üblicherweise in mehreren Prozessschritten:

- **Analyse und Planung:** Festlegung der Lernziele, Zielgruppenanalyse und Strukturierung der Inhalte
- **Konzeption und Storyboarding:** Entwicklung eines didaktischen Konzepts, Erstellung eines Storyboards für den Kursverlauf – sei es Word, PowerPoint oder was auch sonst immer funktioniert
- **Erstellung der Inhalte:** Produktion von Texten, Videos oder dem

Prototyping von interaktiven Elementen und Tests mit geeigneten Autorentools

- **Integration und Test:** Einbindung in eine Lernplattform, technische Tests auf verschiedenen Endgeräten und Systemen
- **Freigabe und Implementierung:** Bereitstellung des WBTs für die Lernenden, Schulung von Tutoren oder Administratoren
- **Evaluation und Optimierung:** Analyse des Nutzerfeedbacks, Anpassung der Inhalte und kontinuierliche Verbesserung

Grundsätzlich lassen sich die Tools zur Erstellung von WBTs in zwei Kategorien einteilen:

- etablierte Softwareprodukte mit einer breiten Nutzerbasis und nachhaltiger Supportstruktur sowie
- proprietäre Lösungen, die meist von E-Learning-Agenturen selbst entwickelt und vertrieben werden.

Autorentools und WBTs

Professionelle Autorentools zeichnen sich dadurch aus, dass sie eine umfassende Dokumentation, eine aktive Community und eine zuverlässige Supportstruktur bieten. Diese Tools werden von einer großen Anzahl von Entwicklern genutzt und haben sich über Jahre hinweg bewährt. Beispiele für solche Tools sind Articulate Storyline, Adobe Captivate, Lectora und Camtasia. Sie ermöglichen es Unternehmen, E-Learning-Module effizient zu erstellen, bieten eine Vielzahl von Funktionen und gewährleisten eine langfristige Nutzbarkeit. Die Verbreitung dieser Tools sorgt dafür, dass Anwendergruppen in Foren oder Schulungen Unterstützung finden und bei Problemen nicht nur auf den Hersteller angewiesen sind. Zusätzlich erleichtern diese Tools das Anwerben von Fachpersonal für eventuelle E-Learning-Abteilungen: Standardisierte Programme bedeuten auch direkt nutzbare Vorerfahrungen in dem Gebiet.

Auf der anderen Seite gibt es zahlreiche Tools, die von E-Learning-Agenturen entwickelt wurden, um interne Produktionsprozesse zu optimieren. Diese werden oft im Rahmen von Kundenprojekten mit angeboten, sodass Unternehmen, die Lernprogramme in Auftrag gegeben haben, bestimmte Inhalte selbst nachpflegen oder erweitern können. Dieses Modell kann gut funktionieren, solange eine enge Beziehung zur Agentur besteht. Problematisch wird es, wenn diese Agenturen versuchen, ihre Eigenentwicklungen als vollwertige Autorentools zu vermarkten. Es zeigt sich, dass viele dieser Produkte fehleranfällig sind, in ihrer Funktionsweise veraltet wirken (beispielsweise durch eine starke Template-Lastigkeit) und kaum externe Unterstützung bieten. Es fehlen Anwendergruppen, öffentliche Preislisten oder eine breite Nutzerbasis, die sich als Community gegenseitig helfen könnte. Häufig lassen sich diese Lösungen daran erkennen, dass sie nur eine Handvoll großer Kunden haben und in Onlinerecherchen wenig bis keine unabhängigen Erfahrungsberichte oder Forenbeiträge zu finden sind. Auch ein Blick ins Unternehmensregister kann aufschlussreich sein: Kleinere Agenturen mit zehn bis 20 Mitarbeitenden können kaum die Ressourcen bereitstellen, um neben dem projektbezogenen Geschäft ein vollwertiges Softwareprodukt langfristig zu pflegen und weiterzuentwickeln. Beispiele für solche agenturspezifischen Tools sind Evolution³ von CBTL, knowtion von Youknow, Knowledgeworker Create von der chemmedia AG, IMC Express von IMC oder WBTplus von M.I.T. Diese Lösungen mögen für die jeweilige Agentur und ihre Anwendungsfälle gut funktionieren, sind jedoch für externe Produzenten meist ungeeignet.

Für Unternehmen, die eigenständig Lerninhalte produzieren möchten, empfiehlt es sich daher, auf etablierte Autorentools zu setzen, die eine breite Akzeptanz am Markt genießen.

Es empfiehlt sich also vorsichtige Recherche und im Zweifelsfall auch eine kleine Diskussion mit dem Einkauf, um ein wenig mehr Geld für eine professionellere und langfristig realistische Lösung zu erhalten. Nur so lässt sich sicherstellen, dass das investierte Know-how und die erstellten Lernprogramme nachhaltig nutzbar bleiben und nicht an eine einzelne Agentur (oder einzelne Mitarbeitende) gebunden sind.

Eine Besonderheit sind Autorentools, die in LMS-Lösungen integriert sind. Diese Tools sind ähnlich einzuschätzen wie Agenturlösungen. Da sie an bestimmte LMS gebunden sind, haben sie nur eine geringe Verbreitung, was zu den üblichen Problemen führt. Im schlimmsten Fall erzeugen sie nicht einmal SCORM-Objekte, sondern speichern die Lerninhalte fest innerhalb des LMS. Dies ist eine echte Sackgassentechnologie: Die Inhalte können nur in diesem speziellen LMS genutzt werden, sind nicht übertragbar und müssen im Falle eines LMS-Wechsels komplett neu erstellt werden. Diese Art von Lösung ist insgesamt höchst suboptimal, dennoch trifft man immer wieder auf solche Ansätze. Auch hier ist also besondere Vorsicht geboten.

Etablierte Autorentools

Genug von potenziellen Fallstricken: Werfen wir nun einen Blick auf etablierte Autorentools, die sich in der Praxis bewährt haben und eine sichere Wahl für Sie darstellen.

- **Articulate 360:** eine umfassende Suite für interaktive E-Learning-Kurse mit Articulate Storyline und Articulate Rise. Storyline setzt seinen Fokus auf animierte, vertonte und interaktive Slides, während Kurse aus Rise eher einer responsiven, scrollbaren Website-Struktur ähneln. Die gesamte Suite bietet eine intuitive Benutzeroberfläche und ermöglicht die Erstellung interaktiver Kurse mit Drag-and-Drop-Funktionen. Es ist das meistgenutzte Tool im E-Learning-Bereich – quasi das »Microsoft Word« des digitalen Lernens. Viele Unternehmen setzen es weltweit als Standard ein, da es im Kosten-Nutzen-Vergleich weit vorn mitspielt, viele Experten mit sich bringt und die Komplexität der Entwicklungen durch teilprogrammierbare Bausteine auch nach oben Luft lässt. Viele Agenturen prüfen grundsätzlich, ob eine Produktion mit Articulate umsetzbar ist, bevor Alternativen in Betracht gezogen werden.

- **Adobe Captivate:** ein leistungsfähiges Tool für interaktive Schulungen, Simulationen und Screencasts. Besonders geeignet für softwarebasierte Trainings, Klick-Dummies und responsives Design auf unterschiedlichen Endgeräten. Für Agenturen und Unternehmen stellt Adobe Captivate vermutlich die Nummer 2 auf dem Markt dar, ist jedoch weniger intuitiv und mit mehr Fehlern behaftet als Articulate.

- **iSpring Suite:** ein PowerPoint-basiertes Autorentool, das die einfache Erstellung von webbasierten Trainings mit multimedialen Ergänzungen ermöglicht. Es ist stabil und benutzerfreundlich, jedoch eher für einfachere Lerninhalte geeignet – wenn man PowerPoint eben etwas »aufpeppen« möchte.

- **Camtasia:** Tool, das spezialisiert auf videobasierte Trainings und Screencasts ist. Besonders nützlich für die Erstellung von Schulungsvideos mit Kommentaren und Animationen. Häufig wird Camtasia genutzt, um Screencast-Videos zu erstellen, die anschließend in andere Autorentools wie Articulate integriert werden.

- **Adapt Learning:** ein Open-Source-Tool zur Erstellung responsiver E-Learning-Kurse (automatische Anpassung des Layouts an unterschiedliche Endgeräte). Es ist besonders flexibel einsetzbar für Entwickler und Bildungseinrichtungen, die die umfangreichen Anpassungsmöglichkeiten durch eigene Programmierung abdecken können.

- **Excelerate:** ein innovatives Tool zur Erstellung adaptiver E-Learning-Kurse mit fortschrittlicher Lernanalyse. Der größte Vorteil ist hier zudem der Fakt, dass es barrierefrei zertifiziert ist und somit für Behörden oder öffentliche Träger viele Genehmigungshürden bereits durch die Toolauswahl beseitigt.

- **H5P:** eine Open-Source-Plattform zur Erstellung interaktiver Lerninhalte wie Videos, Präsentationen, Quiz, 360°-Bildern oder Adventskalendern. Es ermöglicht die einfache Integration in bestehende LMS-Systeme oder Webseiten mit zahlreichen vorprogrammierten Lernformaten für Microlearnings.

- **Unity:** die führende Echtzeit-3D-Entwicklungsplattform. Mit Unity können immersive Game-based-Learning-Programme erstellt werden, die es Lernenden ermöglichen, sich frei im 3D-Raum zu bewegen – ganz wie bei Computerspielen. Diese Entwicklungsumgebung erlaubt es, vollwertige Spieleanwendungen zu gestalten. Allerdings ist der Produktionsaufwand im Vergleich zu herkömmlichen E-Learning-Tools deutlich höher, selbst wenn vorgefertigte 3D-Modelle verwendet werden.

Vom Look & Feel her lassen sich die Tools grundsätzlich in drei Kategorien einteilen:

- Erstens gibt es Programme wie Rise und Excelerate, die Inhalte in einem responsiven, webbasierten Format präsentieren. Diese WBTs erinnern stark an klassische Webseiten, bei denen Audios aktiv angeklickt werden müssen, um abgespielt zu werden. Sie sind ideal für sachliche, lexikalische Inhalte, die strukturiert und klar dargestellt werden sollen.

- Zweitens gibt es Storytelling-orientierte WBTs, die beispielsweise mit Articulate Storyline erstellt werden können. Hierbei startet das

Audio automatisch mit dem Seitenwechsel, ähnlich wie in einem Film. Inhalte werden auf einem definierten Screen präsentiert, auf dem sich die Handlung entfaltet, Animationen abspielen, Inhalte passend zum Sprechertext erscheinen oder Interaktionen durchgeführt werden müssen. Diese Art von WBTs eignet sich besonders gut für durchdachte didaktische Konzepte, die einem klaren Lernpfad folgen.

- Die dritte Kategorie umfasst echte 3D-Spiele-WBTs, die mit Unity entwickelt werden. Diese ermöglichen es den Lernenden, sich frei in einer virtuellen Umgebung zu bewegen und interaktiv mit Objekten zu agieren. Wie bereits beschrieben: Weil diese Form des Lernens besonders immersiv ist, erfordert sie einen erheblich höheren Produktionsaufwand.

Das richtige WBT für die richtige Zielgruppe

E-Learning ist kein Einheitsbrei – es zeigt sich immer wieder, dass die Art und Weise, wie Inhalte vermittelt werden, stark davon abhängt, wer sie eigentlich aufnehmen soll. Dabei ist es wichtig, dass die Formate auf die jeweiligen Bedürfnisse und Vorerfahrungen der Zielgruppen zugeschnitten sind.

Wenn es um Fachleute wie Jurist:innen, Forschende oder Expert:innen geht, stehen fundierte und detaillierte Inhalte im Vordergrund. Hier bieten sich Webinare und Onlineseminare an, die Raum für vertiefte Diskussionen und gezielte Fragerunden bieten. Ergänzend dazu sorgen Materialien wie White Papers, Studien oder Podcasts mit Experteninterviews dafür, dass die Themen noch einmal in Ruhe nachgearbeitet werden können. Auch praxisorientierte Workshops, in denen aktuelle Forschungsergebnisse und praktische Anwendungen diskutiert werden, sind in diesem Bereich sehr gefragt.

Quelle: Adobe Stock #221182721/bnenin

Bei Studierenden und jungen Berufseinsteigenden liegt der Fokus primär darauf, komplexe Inhalte und Abläufe in verständlicher Form zu präsentieren. Lernvideos und Erklär-Clips helfen dabei, schwierige Sachverhalte anschaulich zu erklären. Ergänzende interaktive Quiz und Tests machen es möglich, das Gelernte direkt zu überprüfen und zu festigen. Auch Mentoringprogramme können sich praktisch für den direkten Austausch mit erfahrenen Fachleuten erweisen und projektbasierte Kurse einen klaren (ersten) Bezug zur Praxis herstellen.

Für die breite Öffentlichkeit und interessierte Laien – besonders relevant für öffentliche Organisationen – ist es entscheidend, dass komplexe Themen so aufbereitet werden, dass sie ohne jegliches Vorwissen leicht nachvollziehbar sind. Podiumsdiskussionen und Interviews – ob live oder als Aufzeichnung – ermöglichen es, verschiedene Blickwinkel einzunehmen und unterschiedliche Meinungen zu hören. Auch visuelle Darstellungen wie Infografiken, Dokumentationen oder Reportagen erleichtern das Verständnis und machen die Inhalte zugänglich. Interaktive Elemente wie Umfragen steigern zusätzlich das Engagement.

Schüler und Jugendliche wiederum profitieren von Formaten, die nicht nur informieren, sondern auch Spaß machen. Kurze Videos, spielerische Lernangebote und Gamification-Elemente sorgen dafür, dass Lernen lebendig und motivierend wirkt. Interaktive Webinare, bei denen Umfragen und Wettbewerbe das Geschehen auflockern, fördern darüber hinaus die aktive Teilnahme und machen das Vermitteln von Wissen zu einem unterhaltsamen Erlebnis.

Für Unternehmen gilt: Wer berufstätig ist oder in einer Führungsposition arbeitet, hat oft wenig Zeit. Daher sind flexible und praxisnahe Angebote gefragt, die den Lernenden direkt den persönlichen Nutzen zeigen, um sich überhaupt die Zeit für die Kurse zu nehmen. On-Demand-Webinare und modulare Onlinekurse erlauben es den Lernenden auch in Zeitnot, genau die Themen auszuwählen, die im Arbeitsalltag wirklich weiterhelfen. Fallstudien und praxisnahe Beispiele zeigen, wie theoretisches Wissen praktisch angewendet werden kann. Und mit diesem Ansatz können Verantwortliche gern kreativ werden: Auch kurze Expertengespräche oder kompakte Newsletter können schnell umsetzbare Impulse liefern.

Standards im E-Learning beachten

Damit ein LMS nachvollziehen kann, welche Fortschritte Lernende machen und wie das Schulungsangebot genutzt wird, müssen Kursinhalte und Plattform nahtlos miteinander kommunizieren. Genau dafür gibt es etablierte Standards. Sie sorgen nicht nur für einen reibungslosen Datenaustausch, sondern stellen auch sicher, dass Kurse auf verschiedenen Systemen funktionieren. Wir sprechen dann von »Interoperabilität«. Das bedeutet, dass ein einmal erstellter Kurs nicht nur in einem einzigen LMS genutzt werden kann, sondern flexibel in verschiedene Plattformen integriert werden könnte – ein entscheidender Vorteil für nachhaltige und zukunftssichere E-Learning-Angebote. Welche etablierten Standards gibt es?

SCORM (Sharable Content Object Reference Model)

SCORM ist einer der ältesten und am weitesten verbreiteten Standards im E-Learning. Er stellt sicher, dass digitale Lerninhalte in verschiedenen Lernmanagementsystemen geladen, gestartet und nachverfolgt werden können. Was SCORM besonders macht, ist seine breite Unterstützung in der E-Learning-Branche. Fast alle LMS und Autorentools sind SCORM-kompatibel, sodass Lerninhalte flexibel zwischen Systemen ausgetauscht werden können, ohne dass Anpassungen nötig sind. Das erleichtert Unternehmen und Bildungsanbietern die Bereitstellung und Verwaltung von Kursen erheblich.

Konkret bedeutet das, dass SCORM den Lernfortschritt, Testergebnisse und die Bearbeitungszeit speichert, eine standardisierte Kommunikation zwischen Kurs und LMS ermöglicht und eine einheitliche Inhaltsverpackung vorgibt. Kurse werden in einer bestimmten Struktur als ZIP-Dateien erstellt, sodass sie problemlos in jedes SCORM-kompatible LMS importiert werden können.

Ein Beispiel aus der Praxis: Ein Unternehmen entwickelt einen SCORM-basierten Onlinekurs für Produktschulungen. Dieser Kurs kann in jedes LMS, das SCORM unterstützt, hochgeladen werden, und das System speichert automatisch, welche Module ein Lernender bereits abgeschlossen hat. So bleibt der Überblick über den Lernfortschritt erhalten, unabhängig davon, welches SCORM-kompatible System genutzt wird. Allerdings gibt es Einschränkungen:

- Ist nur innerhalb eines LMS nutzbar
- Kein Tracking von externem oder Offline-Lernen möglich

xAPI (Experience API)

xAPI, früher auch als Tin Can API bekannt, ist der modernste Standard im E-Learning und bringt eine entscheidende Neuerung: Er ermöglicht die Erfassung von Lernaktivitäten, die über ein klassisches LMS hinausgehen. Während Standards wie SCORM darauf beschränkt sind, nur das Lernen innerhalb eines LMS zu dokumentieren, kann xAPI auch Erfahrungen in anderen Umgebungen aufzeichnen – sei es Mobile Learning, Virtual Reality, soziale Interaktionen oder sogar Offline-Aktivitäten.

Was xAPI besonders macht, sind seine Flexibilität und die Fähigkeit, unterschiedlichste Lernprozesse zu erfassen.

Es speichert Daten in einer speziellen Datenbank, dem Learning Record Store (LRS), die unabhängig vom LMS funktioniert. Dadurch können Lernaktivitäten aus verschiedenen Quellen gesammelt, miteinander verknüpft und ausgewertet werden. Dies ermöglicht eine deutlich präzisere Analyse darüber, wie, wo und wann Menschen lernen. Das könnte so aussehen:

- Ein Unternehmen setzt eine VR-Schulung für die Bedienung komplexer Maschinen ein.
- Mit xAPI kann genau erfasst werden, wie lange ein Mitarbeiter trainiert, welche Fehler er macht und wie sich seine Leistung im Laufe der Zeit verbessert – und das völlig unabhängig davon, ob das Training in einem LMS stattfindet oder nicht.
- Diese Daten können dann genutzt werden, um gezielte Weiterbildungsmaßnahmen abzuleiten und das Training individuell anzupassen.

Für Unternehmen, die gerade erst in die E-Learning-Welt einsteigen, stellt sich die schwierige Frage, ob sie direkt auf xAPI setzen sollten. Der Standard bietet enorme Möglichkeiten, ist aber auch komplexer als SCORM oder AICC, da er eine passende Infrastruktur benötigt – insbesondere ein Learning Record Store. Wer ein LMS bereits etabliert hat und darüber hinaus innovativere Lernformate wie mobiles Lernen, Gamification oder Simulationen integrieren möchte, sollte xAPI aber unbedingt in Betracht ziehen. Unternehmen, die noch am Anfang stehen und klassische Onlinekurse bereitstellen wollen, schlagen mit SCORM oft einen pragmatischeren Weg ein.

Langfristig gesehen ist xAPI jedoch die zukunftssichere Wahl, denn es erlaubt eine umfassende Erfassung und Analyse von Lernprozessen, die weit über das klassische E-Learning hinausgehen. Gerade in Unternehmen, die Wert auf individuelle Lernpfade und datenbasierte Weiterentwicklung legen, bietet dieser Standard enorme Vorteile. Einschränkungen sind:

- Komplexe Implementierung
- Noch nicht alle LMS unterstützen xPI

AICC (Aviation Industry CBT Committee)

AICC ist einer der ältesten Standards im E-Learning und wurde ursprünglich für die Schulung von Piloten in der Luftfahrtindustrie entwickelt. Obwohl er heute weitgehend von moderneren Standards wie SCORM oder xAPI abgelöst wurde, bietet AICC einige besondere Vorteile, die für Unternehmen interessant sein können – insbesondere für diejenigen, die gerade erst beginnen, E-Learning zu etablieren.

Was AICC besonders macht, ist seine Fähigkeit, Lerninhalte extern zu hosten. Anders als SCORM-Kurse, die in der Regel direkt ins LMS hochgeladen werden, können AICC-Kurse auf einem separaten Server gespeichert werden. Das LMS ruft diese Inhalte über das Internet oder firmeneigene Netzwerke per HTTP oder FTP (File Transfer) auf und kann dennoch den Fortschritt der Lernenden erfassen. Diese

Flexibilität ist vor allem dann nützlich, wenn Schulungsinhalte von Drittanbietern genutzt oder verschiedene LMS-Systeme parallel eingesetzt werden sollen. Ein Beispiel aus der Praxis:

> **Eine Fluggesellschaft nutzt AICC-Kurse für die Ausbildung ihrer Piloten. Die Lerninhalte liegen auf einem zentralen Server, während verschiedene Tochtergesellschaften mit unterschiedlichen LMS-Systemen darauf zugreifen. So wird sichergestellt, dass alle Lernenden stets mit den gleichen, aktuellen Inhalten arbeiten, unabhängig davon, welches System sie verwenden.**

Für Unternehmen, die E-Learning neu einführen, stellt sich die Frage, ob AICC der richtige Standard ist. Da SCORM und xAPI inzwischen deutlich weiterentwickelte Funktionen bieten, wird AICC heute nur noch in speziellen Anwendungsfällen genutzt. Nicht nur in der Luftfahrt, sondern auch in anderen Branchen – und besonders in stark regulierten Branchen wie dem Gesundheitswesen – findet der Standard weiterhin Anwendung, da er eine zuverlässige und sichere Datenübertragung ermöglicht. Wer also Schulungen von Drittanbietern integrieren möchte, ohne sie direkt ins eigene LMS hochzuladen, oder mehrere LMS-Systeme miteinander verknüpfen muss, kann von AICC profitieren. Für eine langfristige E-Learning-Strategie ist es jedoch ratsam, auch modernere Standards in Betracht zu ziehen, da sie oft flexibler und zukunftssicherer sind.

Kommen wir zu den Einschränkungen, die es auch bei diesen Standards gibt:

- Komplexe Implementierung
- Nicht mehr weit verbreitet und daher geringerer Community-Support (abgelöst durch SCORM und xAPI)

LTI (Learning Tools Interoperability)

LTI ist ein moderner Standard, der speziell dafür entwickelt wurde, externe Lern-Tools nahtlos mit einem LMS zu verbinden. Im Gegensatz zu SCORM, AICC oder xAPI geht es bei LTI nicht darum, Lerninhalte in ein LMS zu integrieren oder den Lernfortschritt aufzuzeichnen, sondern vielmehr darum, externe Anwendungen direkt innerhalb des LMS über Schnittstellen nutzbar zu machen. Das bedeutet, dass Tools von Drittanbietern – etwa für Tests, Simulationen, Shops oder Videokonferenzen – direkt aus dem LMS heraus gestartet werden können, ohne dass sich Nutzer mehrfach anmelden müssen oder Daten manuell übertragen werden.

Der große Vorteil von LTI ist daher das Single Sign-On, das es Lernenden ermöglicht, sich nur einmal im LMS anzumelden und dann ohne zusätzliche Passwörter auf externe Tools zuzugreifen. Zudem sorgt LTI für eine automatische Synchronisation von Fortschritten und Bewertungen. Das bedeutet, dass Testergebnisse oder andere Lernerfolge direkt ins LMS zurückfließen, ohne dass Lehrende oder Administratoren manuell Daten übertragen müssen.

Ein Blick in die Praxis:

> **Eine Universität nutzt ein LMS wie Moodle für die Kursverwaltung, setzt aber für interaktive Tests Kahoot oder für die Plagiatsprüfung Turnitin ein. Dank LTI-Schnittstellen können Studierende sich einfach im LMS anmelden und dann ohne erneute Anmeldung in das jeweilige Tool wechseln. Gleichzeitig werden Testergebnisse oder Plagiatsberichte automatisch ins LMS übertragen, sodass Lehrende alle relevanten Daten an einem zentralen Ort einsehen können.**

Die Einschränkungen sind:

- Funktioniert nur mit kompatiblen Systemen
- Kein Offline-Tracking

Um Ihnen eine Entscheidungshilfe zu bieten, listen wir im Folgenden die wichtigsten Merkmale der verschiedenen Standards auf.

Die Standards im Schnell-Check	
SCORM – Der Standard für klassische LMS-Kurse	
❑	**Alleinstellungsmerkmal: ermöglicht die einfachste Bereitstellung und Nachverfolgung von Kursen innerhalb eines LMS**
❑	**Standardisiert den Import von E-Learning-Kursen in verschiedene LMS**
❑	**Speichert Lernfortschritt, Testergebnisse und Bearbeitungszeit**
❑	**Funktioniert nur innerhalb eines LMS, kein Tracking von externen Aktivitäten**
xAPI – Der Standard für flexibles, plattformunabhängiges Lernen	
❑	**Alleinstellungsmerkmal: erfasst Lernaktivitäten überall – auch außerhalb eines LMS**
❑	**Speichert Lernaktivitäten aus verschiedenen Quellen (Mobile, VR, Präsenztraining)**
❑	**Nutzt ein Learning Record Store (LRS) zur zentralen Speicherung von Lerndaten**
❑	**Komplexer als SCORM, benötigt eine passende Infrastruktur**

AICC – Der Standard für externe Kursbereitstellung

- ❑ **Alleinstellungsmerkmal: erlaubt das Hosten von Lerninhalten außerhalb des LMS mit sicherer Datenübertragung**
- ❑ **Externe Inhalte können gehostet werden, ohne ins LMS importiert zu werden**
- ❑ **Funktioniert mit Web- und Server-Kommunikation (HTTP, FTP)**
- ❑ **Älterer Standard, weniger verbreitet als SCORM oder xAPI**

LTI – Der Standard für die Integration externer Tools

- ❑ **Alleinstellungsmerkmal: bindet externe Lern-Tools nahtlos ins LMS ein – ohne extra Login**
- ❑ **Ermöglicht Single Sign-On (SSO) für Drittanbieter-Anwendungen**
- ❑ **Automatische Synchronisation von Fortschritt und Bewertungen zwischen Tools und LMS**
- ❑ **Keine eigene Lernfortschrittserfassung wie SCORM oder xAPI, sondern reine Tool-Anbindung**

▶ QUICKREADER:
Das Wichtigste dieses Kapitels im raschen Überblick

- **Ein Lernmanagementsystem ist der Kernaspekt einer modernen Bildungsorganisation.**
- **Für welche LMS-Lösung Sie sich entscheiden, hängt von den technischen Gegebenheiten, besonders aber der jeweiligen Zielsetzung ab.**
- **Jedes Lernformat hat Stärken und Schwächen und eignet sich für unterschiedliche Nutzungsszenarien. Zu den wichtigsten Lernformaten gehört das Web Based Training.**
- **Achten Sie darauf, dass das Format auf die jeweiligen Bedürfnisse und Vorerfahrungen der Zielgruppen zugeschnitten ist.**
- **Prüfen Sie, welcher der Standards im E-Learning (SCORM, xAPI, AICC, LTI) für Ihre Zwecke am besten geeignet ist.**

KAPITEL 3

Blended Learning, Gamification, Simulationen und Co: Pädagogische Ansätze und Methoden

Neben den technologischen Aspekten spielen pädagogische, didaktische und methodische Fragen eine entscheidende Rolle bei der Entscheidung, inwiefern Sie E-Learning in Ihrer Organisation einsetzen sollen, um Ihre Lernumgebung nachhaltig zu verändern.

E-Learning-Formate und die Grundsäulen der Andragogik

E-Learning ist weitaus mehr als die bloße Bereitstellung digitaler Inhalte. Um Lernen, Lernende und die dauerhafte Lernmotivation gezielt zu fördern, bedarf es einer durchdachten didaktischen Gestaltung. Besonders im Bereich des E-Learnings für Erwachsene steht dabei die Andragogik – die Erwachsenenpädagogik – im Mittelpunkt. Erwachsene unterscheiden sich in ihrem Lernverhalten deutlich von Kindern oder Jugendlichen; die Andragogik berücksichtigt daher explizit die besonderen Bedürfnisse und Eigenschaften erwachsener Lernender und stellt sicher, dass Lehr- und Lernprozesse sinnvoll gestaltet werden.

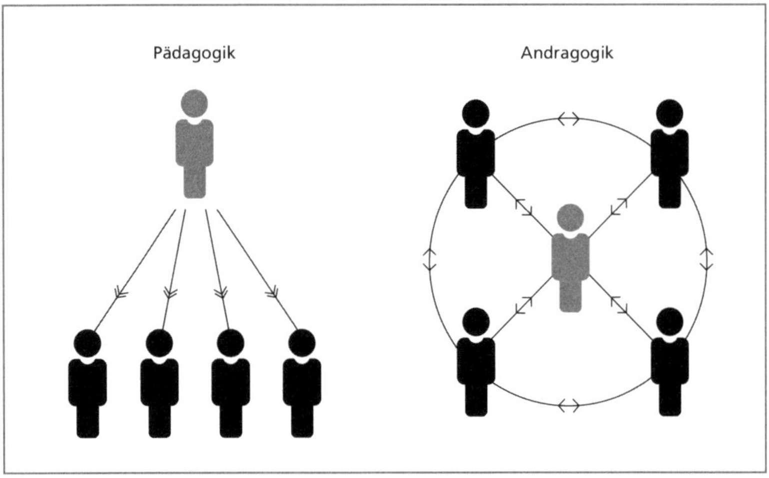

Erwachsene bringen Erfahrungen, Selbstständigkeit und spezifische Ansprüche mit, von denen sie (bewusst oder unbewusst) erwarten, dass diese im didaktischen Ansatz ausreichend berücksichtigt werden. E-Learning-Formate müssen daher den drei Grundsäulen der Andragogik folgen: Selbstbestimmtheit, Erfahrungsbezug und Praxisorientierung.

Die Grundsäule Selbstbestimmtheit

Erwachsene Lernende möchten selbst entscheiden, was, wann und wie sie lernen. Sie legen Wert darauf, Lerninhalte individuell an ihre Bedürfnisse anzupassen und den Lernprozess eigenständig zu steuern. Eine mögliche Umsetzungsform davon wären individuelle Lernpfade (also Plattformen, die es ermöglichen, Inhalte nach eigenem Tempo und Interesse zu bearbeiten). Dies muss nicht immer nur auf der inhaltlichen Ebene stattfinden, denn diese Dimension wird aktiv durch externe Faktoren mitbestimmt. Nutzen Sie bereits Web Based Trainings oder eine Lernmanagementplattform, haben Sie wahrscheinlich die erste Herausforderung bereits gemeistert: Ihren Lernenden steht systemseitig wohl standardmäßig ein flexibler Zeitraum zur Verfügung, in dem sie die Inhalte asynchron anschauen oder bearbeiten können.

Das nächste Level der Selbstbestimmtheit wäre hierbei beispielsweise ein modulares Lernprogramm, in dem Module in beliebiger Reihenfolge freigeschaltet werden können, oder ein System, das auf Fortschritte abgestimmte Lernempfehlungen gibt.

Zunehmender Beliebtheit erfreuen sich sogenannte »Test-Out«-Funktionen, bei denen Lernende zu Beginn einen auf die Lernziele abgestimmten Test absolvieren, der bei erfolgreichem Abschluss den Rest der Lerninhalte optional werden lässt. Die eventuelle Zeitersparnis kommt den Lernenden als Erfolgserlebnis zugute. Auch rechtlich ist das Vorgehen durch das gezielte Abfragen der inhaltlichen Mindestpunkte unbedenklich.

TIPP-BOX

Zu viel Freiheit kann zum Beispiel eher konservative Lerngruppen überfordern. Eine klare Struktur, intuitive Übersichten und Unterstützung etwa durch einen Leitfaden oder einen Tutor sind sehr hilfreich.

Die Grundsäule Erfahrungsorientierung

Besonders in konkreten Berufsfeldern bringen erwachsende Lernende eine Vielzahl an beruflichen und persönlichen Erfahrungen mit, die das Lernen beeinflussen. Diese Erfahrungen können als Ressource genutzt werden, um den Lernprozess relevanter und effektiver zu gestalten. Hier liegt der Fokus besonders auf dem Einsatz von konkreten Fallstudien und praxisorientierten Szenarien: Lernende bearbeiten möglichst realitätsnahe Situationen oder Simulationen, die auf ihrem Erfahrungsschatz aufbauen. Dabei reflektieren sie das eigene Verhalten. Auch induktive Aufgabenstellungen (bedeutet: erst praktisch versuchen, dann konkrete Fakten und Methoden nachliefern) haben hier einen hohen Stellenwert. Foren oder Peer-Feedback-Systeme ermöglichen es, Wissen mit anderen zu teilen und von deren Erfahrungen zu profitieren. Zudem sind sie oft bereits optional in Lernmanagementsystemen aktivierbar.

TIPP-BOX

Ihre Lernenden sollten ermutigt werden, ihre Erfahrungen aktiv einzubringen, beispielsweise durch induktive Aufgaben, Simulationen, Reflexionsfragen oder Diskussionen.

Die Grundsäule Praxisorientierung

Menschen jedes Alters lernen am besten, wenn sie die Inhalte als unmittelbar relevant für ihre persönlichen oder beruflichen Ziele wahrnehmen. Lernen »um des Lernens willen« ist für diese Zielgruppe selten motivierend.

Die Adaption des »Golden Circle«, ursprünglich entwickelt von Simon Sinek[1] zur Erklärung inspirierender Kommunikation und Führung, kann auch für E-Learning-Zwecke genutzt werden, um Wissen nachhaltig zu verankern und praxisbezogen abrufbar zu machen. Hierbei folgt jedes Modul, bestenfalls sogar jede Sinneinheit, der WHY-HOW-WHAT-Struktur:

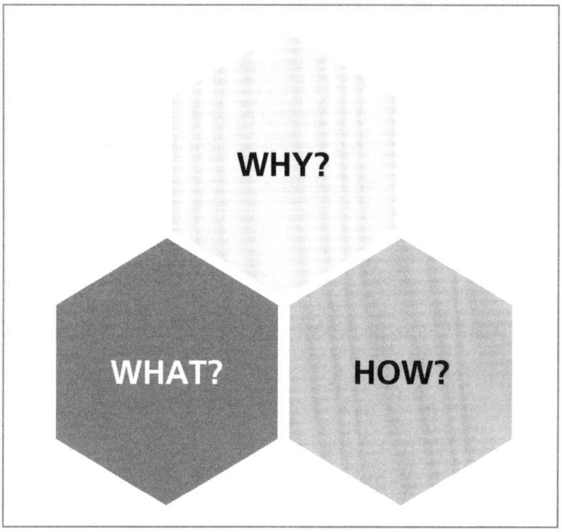

- Zunächst vermitteln Sie den WHY-Aspekt: Warum sind diese Inhalte so wichtig für den Alltag der Lernenden? Der Fokus liegt auf dem tiefen Verständnis der Hintergründe.
- Im Anschluss folgt das HOW: Zeigen Sie bewährte Methoden, Modelle und praktische Handlungsmöglichkeiten auf. Dabei stehen das Entdecken und Üben im Vordergrund: Die Lernenden lernen Wissen durch interaktive Bausteine kennen und der konkrete Arbeitskontext wird etabliert.

- Abschließend steht das WHAT, welches den Transfer in den Arbeitsalltag fördert, indem es die Modelle zum Beispiel anhand vorgeschlagener Alltagsbeispiele, Checklisten und konkreter Next Steps »erleben« lässt.

Diese Dreiteilung sorgt für eine umfassende und praxisnahe Schulung, die sowohl das theoretische Wissen als auch die praktischen Kompetenzen für erfolgreiche Verhandlungen stärkt.

TIPP-BOX

Regelmäßige »Check-ins« und Tipps, die den Bezug zwischen Lerninhalt und Praxis herstellen, erhöhen die Motivation. Achten Sie darauf, dass Ihre E-Learning-Kurse den Punkten Selbstbestimmtheit, Erfahrungsbezug und Praxisorientierung genügen.

Mit Instructional Design effiziente und ansprechende Lernprozesse gestalten

Instructional Design ist eine spezifische Form der pädagogischen Gestaltung, die sich auf die Entwicklung effizienter und ansprechender Lernprozesse konzentriert. Im E-Learning ist Instructional Design daher einer der wichtigsten pädagogischen Bausteine, da die Interaktion zwischen Lernenden und Lehrenden oft indirekt erfolgt und die digitale Lernumgebung gezielt gestaltet werden muss, um erfolgreiches Lernen zu ermöglichen. Die im Instructional Design verankerten Pfeiler – Bedarfsanalyse, Ablauf & Design, Entwicklung, Implementierung, Evaluation und Verbesserung – bilden den Rahmen für die Planung und Durchführung effektiver E-Learning-Konzepte. Jeder dieser Schritte ist außerdem eng mit den didaktischen Prinzipien und Methoden der Andragogik verknüpft.

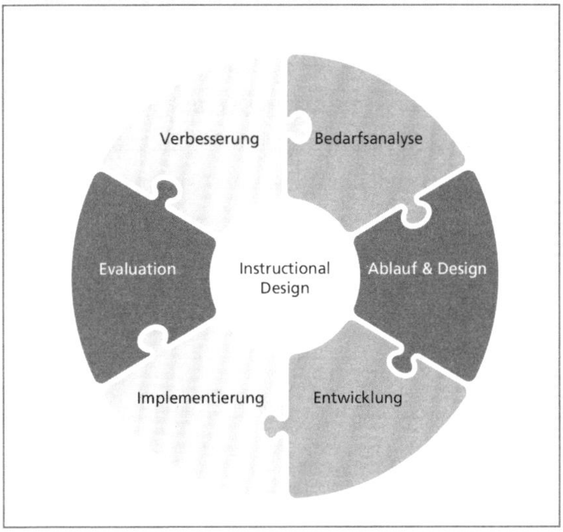

Gehen wir die Schritte im Einzelnen durch:

- **Bedarfsanalyse:** Der erste Schritt legt den Grundstein für das gesamte Lernangebot. Ziel ist es, herauszufinden, welche spezifischen Lernziele erreicht werden sollen und welche Anforderungen und Vorerfahrungen die Zielgruppe mitbringt. Insbesondere bei erwachsenen Lernenden ist es wichtig, das Vorwissen in die Zieldefinition einzubinden, um Selbstbestimmtheit und Relevanz sicherzustellen. Beispielsweise könnte eine Bedarfsanalyse in einem Unternehmen ergeben, dass leitende Mitarbeitende ein Grundlagenwissen im Projektmanagement benötigen, während Führungskräfte vertiefte Kenntnisse in agilen Methoden wünschen.

- **Ablauf & Design:** Auf Basis dieser Erkenntnisse geht es im nächsten Schritt darum, den methodischen und inhaltlichen Rahmen des E-Learning-Angebots zu entwickeln. Reaktivierung des Vorwissens spielt dabei eine wichtige Rolle: Interaktive Elemente wie Quizfragen, Simulationen oder Gruppenprojekte können hier hohen Mehrwert bringen. Gleichzeitig sorgt ein multisensorisches Lernkonzept – etwa durch eine Mischung aus Videos, Texten und Podcasts – dafür, dass unterschiedliche Lerntypen angesprochen werden. Um die Motivation zu fördern, können Gamification-Elemente wie Fortschrittsbalken, digitale Abzeichen oder spielerische Herausforderungen geplant werden. So könnte ein Kurs zum Thema Kundenkommunikation beispielsweise ein Rollenspiel beinhalten, bei dem die Teilnehmenden reale Szenarien nachspielen und auf digitale Kundenanfragen reagieren müssen.

- **Entwicklung:** Nachdem das Konzept entwickelt wurde, folgt die praktische Umsetzung in der Phase der Entwicklung. In diesem Schritt werden die geplanten Inhalte erstellt und in konkrete Lernmodule überführt. Feedback und Reflexion sind hier zentrale Bestandteile: Automatische Feedback-Funktionen – etwa nach einem Quiz – und gezielte Reflexionsfragen ermöglichen es den Lernenden, ihren Fortschritt zu überprüfen und das Gelernte zu sichern. Ein Modul zur Zeitplanung könnte beispielsweise eine Checkliste zur Selbstanalyse beinhalten, ergänzt durch ein interaktives Tool zur Priorisierung von Aufgaben. Automatisiertes Feedback nach Single-Choice- oder Multiple-Choice-Fragen ist in den meisten Autorentools bereits vorhanden.

- **Implementierung:** Nun wird das Lernangebot live geschaltet. Die Lernplattform wird mit allen Materialien ausgestattet und den Teilnehmenden zugänglich gemacht. Ein bewährtes Vorgehen im Instructional Design ist es, zunächst mit einer kleinen Pilotgruppe zu starten – dafür kann im Vorfeld auch bereits ein Prototyp oder eine sogenannte »Beta-Version« genutzt werden, die die wichtigsten Funktionen (Aufgabentypen, Abschlussknopf) abdeckt. Diese Vorgehensweise hilft, technische und didaktische Schwächen frühzeitig zu identifizieren und Anpassungen vorzunehmen, bevor es für das gesamte Unternehmen oder die Organisation ausgerollt wird.

- **Evaluation und Verbesserung:** Diese zwei Schritte bilden den Abschluss des Instructional Designs. Nach der Durchführung des Lernprogramms wird der Erfolg anhand des Feedbacks der Teilnehmenden und der Zielerreichung analysiert. Diese Rückmeldungen fließen direkt in die Optimierung des Programms ein. Beispielsweise könnten die danach auftretenden Resultate zeigen, dass ein bestimmtes Thema nicht ausreichend vermittelt wurde. Um dort nachzuhelfen, kann die entsprechende Lektion mit zusätzlichen Erklärvideos oder Praxisübungen ergänzt werden.

Als größter Vorteil zeigt sich:

Instructional Design ist ein flexibler und iterativer Prozess, der die Bedürfnisse der Zielgruppe in den Mittelpunkt stellt. Es bildet den Rahmen für die Entwicklung hochwertiger E-Learning-Angebote.

Dreh- und Angelpunkte sind sinnhafte Überlegungen im Vorfeld: Was soll wie womit erreicht werden? Die präzise Formulierung von Lernzielen wirkt zunächst wie lästige Mehrarbeit (besonders bei rechtlich verpflichtenden Themen), hilft Ihnen aber langfristig dabei, mögliche Stolpersteine vorherzusehen und den Lernerfolg messbar zu machen.

Klare Lernziele setzen

Der Ausgangspunkt für jede erfolgreiche Lehr-Lern-Situation ist eine präzise Zieldefinition. Lernziele dienen als Orientierung sowohl für die Lehrenden als auch für die Lernenden. Sie geben die Richtung vor und schaffen Klarheit darüber, was am Ende erreicht werden soll. Besonders bewährt hat sich das Ausformulieren und Festhalten von **SMART**en Zielen:

- **S**pezifisch: Was genau soll gelernt werden?
- **M**essbar: Wie wird überprüft, ob das Ziel erreicht wurde?

- **A**ttraktiv: Warum ist dieses Ziel für die Lernenden relevant?
- **R**ealistisch: Ist das Ziel mit den vorhandenen Ressourcen und in der verfügbaren Zeit erreichbar?
- **T**erminiert: Bis wann soll das Ziel erreicht sein?

Ein präzise formuliertes (Fein-)Lernziel ist der Kompass für die weitere Gestaltung der Lerninhalte und maßgebend für die Wahl der Methoden. Als Bonus können diese Ziele dann zu späterem Zeitpunkt auch für interne Marketingmaßnahmen genutzt werden. Denn Lernende sind am motiviertesten, wenn sie ihren persönlichen Nutzen in den Lernangeboten erkennen.

Das Kriterium »Spezifisch: Was genau soll gelernt werden?«

Ein Ziel ist spezifisch, wenn es klar und eindeutig beschreibt, was die Lernenden erreichen sollen. Unspezifische Ziele wie »die Mitarbeitenden sollen besser kommunizieren« bieten keine klare Orientierung. Stattdessen sollte präzisiert werden, welche Art von Kommunikation gemeint ist und in welchem Kontext diese verbessert werden soll. Ein Tipp aus der Didaktik ist dabei, auch schon die konkreten Kompetenzen oder Methoden festzusetzen, durch die dieses Ziel letztlich umgesetzt werden soll (»Feinlernziele«).

Statt »die Miterarbeitenden sollen besser kommunizieren« könnten Sie also festhalten: »Mitarbeitende im Vertrieb sollen lernen, Verkaufsgespräche durch gezielte Fragetechniken besser zu steuern.« Die nötigen Überlegungen dazu sind:

- In welcher Abteilung oder für welche Zielgruppe ist das Ziel relevant?
- Welche konkreten Situationen (etwa Kundengespräche, Team-Meetings) stehen im Fokus?
- Welche Wissens- oder Fähigkeitslücken müssen hierfür geschlossen werden?

Das Kriterium »Messbar: Wie wird überprüft, ob das Ziel erreicht wurde?«

Ein Ziel muss überprüfbar sein, um den Erfolg der Lernmaßnahme zu bewerten. Hierbei geht es insbesondere um zwei Aspekte: Einerseits sollte im Vorfeld so genau wie möglich festgehalten werden, welche konkreten Ergebnisse erwartet werden. Andererseits sollten diese Ergebnisse eventuell auch nach außen präsentiert werden können, um Fortschritte sichtbar zu machen: Je nach Organisations- oder Unternehmensstruktur haben messbare, vorzeigbare Ergebnisse einen anderen Stellenwert, den es eventuell zu beachten gilt.

Für unser Vertriebsbeispiel könnten wir hier also formulieren: »Nach Abschluss des Kurses sollen die Teilnehmenden in 80 Prozent der simulierten Verkaufsgespräche mindestens drei offene Fragen stellen können.« Nötige Überlegungen sind:

- Welche Indikatoren (etwa Tests, Beobachtungen, KPIs) können genutzt werden?
- Soll der Lernfortschritt regelmäßig (zum Beispiel bei längeren Schulungszeiträumen wöchentlich) oder am Ende der Lernmaßnahmen evaluiert werden?
- Welche Ressourcen sind notwendig, um die Messung durchzuführen (etwa Feedback-Bögen, digitale Tools)?

Das Kriterium »Attraktiv: Warum ist dieses Ziel für die Lernenden relevant?«

Lernziele müssen für die Teilnehmenden motivierend und greifbar sein. Besonders in Unternehmen ist es wichtig, die Relevanz des Ziels für den Arbeitsalltag klarzumachen. Wie bereits erwähnt, ist dieses Kriterium besonders für die spätere interne Kommunikation über die anstehenden Lernmaßnahmen relevant – denn attraktiv ist, was Mehrwert bringt. Je konkreter Sie sich hierbei auf tatsächliche Statistiken oder Fakten zum konkreten Nutzen beziehen können, desto besser! Eine mögliche Formulierung für unser fiktives Beispiel wäre also: »Durch bessere Fragetechniken können Sie Kundenbedürfnisse präziser erfassen und so Ihre Abschlussquote um 20 Prozent steigern.« Nötige Überlegungen:

- Welche Vorteile ergeben sich für die Teilnehmenden (zum Beispiel beruflicher Erfolg, Zeitersparnis, Sicherheiten)?
- Gibt es eine Verbindung zwischen dem Lernziel und den strategischen Zielen des Unternehmens oder der Organisation?
- Wie können diese Vorteile im Vorfeld kommuniziert werden, um die Motivation zu erhöhen?

Das Kriterium »Realistisch: Ist das Ziel erreichbar?«

Jedes Projekt muss auf Ressourcen, Budget und Deadlines achten – doch bei diesem Lernziel geht es nicht primär um den unternehmens- bzw. Organisationshintergrund, sondern wieder um die Lernenden: Ein realistisches Ziel berücksichtigt die vorhandenen Ressourcen, den Zeitrahmen und die Ausgangsqualifikation der Lernenden. Zu hochgesteckte Ziele können demotivieren, während zu leicht erreichbare Ziele das Potenzial der Lernenden nicht ausschöpfen. Der Trend geht daher ganz klar zu kürzeren und modulareren Lernformaten oder eben Blockseminaren, um den Lernenden möglichst wenig zeitliche Hürden zu bieten und ihre Selbstbestimmtheit weiterhin zu unterstützen.

Wie könnte dies in der Praxis aussehen? Wir schauen auf unser Beispiel zur Vertriebsschulung: »In einem eintägigen Workshop lernen die Mitarbeitenden die Grundlagen der Fragetechnik. Für die Anwendung im Alltag gibt es eine zweiwöchige Nachbereitungsphase mit Feedbackrunden.« Nötige Überlegungen an dieser Stelle sind:

- Welche Vorkenntnisse bringen die Teilnehmenden mit? Handelt es sich um eine heterogene oder eine homogene Zielgruppe?

- Stehen ausreichend Zeit und Budget für die Zielerreichung zur Verfügung? Wie viel Arbeitszeit geht durch die Schulung verloren?
- Sind die Lernziele in den beruflichen Alltag der Teilnehmenden integrierbar?

Das Kriterium »Terminiert: Bis wann soll das Ziel erreicht sein?«
Ein klares Enddatum schafft Verbindlichkeit und gibt Orientierung für die Planung der Maßnahmen. Doch Vorsicht – selbst durch die Realisierung mithilfe einer Agentur, die Vollzeit an diesem Projekt arbeitet, kann die Umsetzung eines durchschnittlichen Web Based Trainings von ungefähr 20 Minuten mindestens drei Monate in Anspruch nehmen. Setzen Sie Ihre Deadlines also nicht zu optimistisch und planen Sie genügend Zeit für interne Freigaben, Reviews und Testphasen ein. Auch hier gilt: Je konkreter, desto besser: »Bis zum 31. März sollen alle Mitarbeitenden im Vertrieb die Schulung abgeschlossen haben und ihre Verkaufsgespräche in einer realen Kundensituation demonstrieren können.« Nötige Überlegungen:

- Welcher Zeitraum ist realistisch, um das Ziel zu erreichen?
- Gibt es externe Faktoren (etwa Geschäftsquartale, Projektfristen, Sitzungen von zum Beispiel Betriebsräten), die den Zeitrahmen beeinflussen?
- Wie werden Fortschritte während des Zeitraums überprüft?
- Gibt es notfalls noch Raum, um auszuweichen?

TIPP-BOX

Abhängig von diesen Lernzielen empfehlen sich unterschiedliche Lernformate sowie Lernwege. Ob Web Based Trainings, Lernvideos, Podcasts, Lernspiele oder digitale Übungen als Formate gewählt werden sollten, ist so individuell wie Ihre Zielgruppe. Oft empfiehlt es sich daher, Lernformate und sogar Präsenz- und digitale Formate zu kombinieren, um die Bedürfnisse der Zielgruppe bestmöglich abzudecken.

Nutzen Sie die Checkliste, um die Lernformate didaktisch sinnvoll aufzubauen.

Checkliste: Lernformate didaktisch aufbauen	
Selbstbestimmtheit fördern	
❑	**Individuelle Lernpfade ermöglichen: Plattformen nutzen, die Lernende ihr Tempo und Interesse selbst wählen lassen**
❑	**Flexibilität bieten: asynchrones Lernen durch Web Based Trainings und Module, die möglichst in beliebiger Reihenfolge freigeschaltet werden können**
❑	**Fortschrittsorientierte Systeme einsetzen: Lernempfehlungen basierend auf Fortschritt und »Test-Out«-Funktionen zur Zeitersparnis und für Erfolgserlebnisse**
❑	**Klare Struktur und Unterstützung sicherstellen: intuitive Übersichten sowie Leitfäden oder Tutoren bereitstellen, um Überforderung zu vermeiden**
Erfahrungen berücksichtigen	
❑	**Erfahrungen der Lernenden aktiv einbeziehen: konkrete Fallstudien, praxisnahe Szenarien, Simulationen und Reflexionsfragen nutzen**
❑	**Induktive Aufgaben gestalten: Praxis vor Theorie – erst ausprobieren, dann die Methoden und Fakten faktisch korrekt vermitteln**
❑	**Interaktion fördern: Foren und Peer-Feedback-Systeme aktivieren, um den Wissensaustausch zu fördern**
❑	**Lernende ermutigen, ihre Erfahrungen zu teilen: Diskussionen, Simulationen und Reflexion einbinden**

Praxisrelevanz sicherstellen

- ☐ **Inhalte auf die persönlichen oder beruflichen Ziele der Lernenden ausrichten**
- ☐ **WHY-HOW-WHAT-Struktur nutzen, um Relevanz frühzeitig zu vermitteln**
  - ☐ **WHY: Relevanz und Hintergründe der Inhalte erklären**
  - ☐ **HOW: Methoden und praktische Anwendungsmöglichkeiten aufzeigen**
  - ☐ **WHAT: Transfer in den Alltag unterstützen (Checklisten, Next Steps)**
- ☐ **Regelmäßige Verknüpfung zur Praxis herstellen: »Check-ins« und Tipps einplanen**

Lernziele im Vorfeld so konkret wie möglich ausformulieren

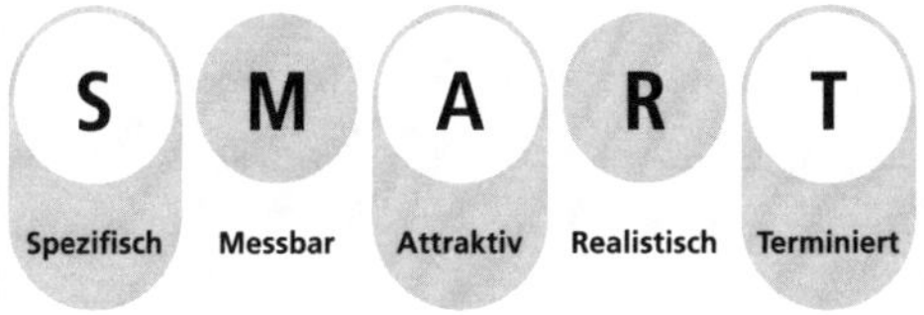

- ☐ **Festhalten SMARTer Fernlernziele**
  - ☐ **Spezifisch: Was genau soll gelernt werden?**
  - ☐ **Messbar: Wie wird überprüft, ob das Ziel erreicht wurde?**
  - ☐ **Attraktiv: Warum ist dieses Ziel für die Lernenden relevant?**
  - ☐ **Realistisch: Ist das Ziel mit den vorhandenen Ressourcen und in der verfügbaren Zeit erreichbar?**
  - ☐ **Terminiert: Bis wann soll das Ziel erreicht sein?**

Erfolgsfaktoren des Blended Learnings

Blended Learning (zu Deutsch »Vermischtes Lernen«) ist die Fachbezeichnung für die Kombination von digitalen und traditionellen Präsenzformaten. Dieses Konzept wird zunehmend populär, da es die Stärken beider Ansätze verbindet:

> **Die Flexibilität und Zugänglichkeit digitaler Inhalte trifft auf die persönliche Interaktion und Dynamik von Präsenzveranstaltungen. Damit entspricht es also genau den Dimensionen der Andragogik – insbesondere der Selbstbestimmtheit.**

Für viele, die sich erstmals mit diesem Ansatz beschäftigen, wirkt Blended Learning wie ein vielschichtiges Konzept, das zunächst sehr komplex für die konkrete Umsetzung erscheint. Doch mit einer klaren Struktur und einem schrittweisen Vorgehen lässt sich ein solches Lernmodell problemlos umsetzen.

Dieses Kapitel bietet eine Einführung in die Grundlagen und zeigt auf, wie Blended Learning praxisnah und zielführend gestaltet werden kann. Neben theoretischen Grundlagen werden erprobte Methoden vorgestellt. Ein Schwerpunkt liegt dabei auf der praktischen Umsetzbarkeit: Es muss nicht immer die aufwendigste Technologie sein, oft genügen einfache Mittel und ein durchdachtes Konzept, um wirkungsvolle Lernerlebnisse zu gestalten.

TIPP-BOX

Beginnen Sie klein! Testen Sie Blended-Learning-Konzepte zunächst mit überschaubaren Projekten, um zu sehen, was für Ihre Zielgruppe am besten funktioniert. Schaffen Sie sich bei Bedarf gezielt eine Testgruppe, deren Feedback möglichst repräsentativ ist.

Damit Blended Learning effektiv umgesetzt werden kann, sind einige zentrale Erfolgsfaktoren zu berücksichtigen. Sie helfen dabei, den Lernprozess strukturiert und zielführend zu gestalten sowie typische Herausforderungen von vornherein zu minimieren.

Der wichtigste erste Schritt ist hier, wie generell bei allen Lernwegen, das Festlegen der SMARTen Lernziele wie zuvor beschrieben. Im nächsten Schritt kann man diese für eine Lernmatrix nutzen, die die Lernziele nach Sinn- oder Kompetenzclustern ordnet und passende Lernformate dafür festlegt.

Hierbei sollte auf eine sinnstiftende Balance zwischen Online- und Präsenzformaten geachtet werden. Traditionell erfolgt die Vermittlung von theoretischen Grundlagen in Präsenz, während interaktive, digitale Übungen für Praxiselemente sorgen oder weiterführende Inhalte anbieten. Der Trend zeigt allerdings eine zunehmende Umkehr der Phasen im Flipped-Classroom-Modell.

Das Flipped-Classroom-Modell

Der Flipped Classroom dreht den traditionellen Ablauf um: Im Rahmen der digitalen Module werden die grundlegenden Inhalte eigenständig bearbeitet. Im Anschluss sind feste Gruppentermine in Präsenz oder synchronen Calls geplant. Diese bieten Raum für Wissensaustausch und individuelle Unterstützung. Viele Lernplattformen bieten unterstützende Foren- oder Chatfunktionen an, die dafür genutzt werden können. Abschließend können wieder asynchrone Übungsformate bereitgestellt werden, um relevante Fallbeispiele je nach konkretem Aufgabenbereich nachzuliefern – siehe dazu die Abbildung auf der folgenden Seite.

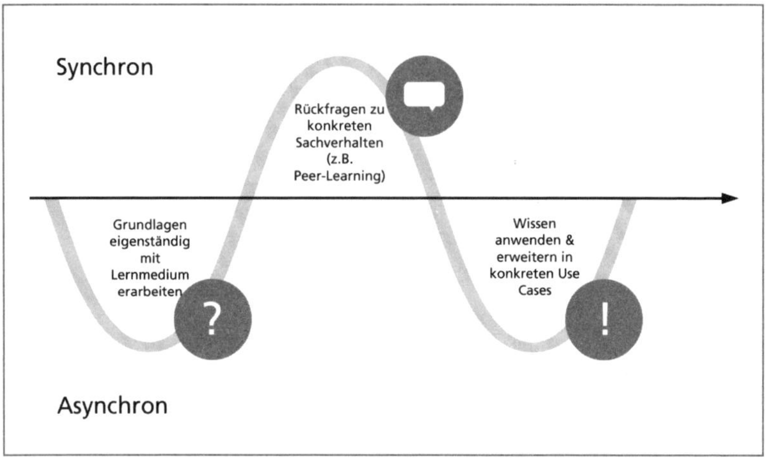

Dieses Vorgehen bietet einige Vorteile:

TIPP-BOX

Sollten die Lernenden im Anschluss an den Theorieteil viele Rückfragen zu konkreteren Sachverhalten haben, können diese zielgerichtet nachbereitet und geklärt werden. Bei Bedarf sind Klärungstermine eigenständig und spontan organisierbar, sie bieten hohe Flexibilität, um kurzfristig auf konkrete Problemfelder zu reagieren. Hinzu kommt: Geleitete Peer-Diskussionen werden oft besonders von Führungskräften als sehr positives Lernerlebnis wahrgenommen.

Das Rotations-Modell

Das Rotations-Modell ist eine speziell strukturierte Methode des Blended Learnings, bei der Lernende zwischen verschiedenen Lernformaten wechseln – nach einem vorher festgelegten Plan. Es unterscheidet sich von anderen Ansätzen wie dem Flipped Classroom vor allem durch seine klare Organisation: Lehrende bestimmen im Voraus, wie viel Zeit die Lernenden mit Onlinematerialien und wie viel sie in persönlichen oder synchronen Sitzungen verbringen.

Der Name Rotations-Modell kommt daher, dass die Teilnehmenden regelmäßig zwischen den verschiedenen Lernmethoden wechseln. Dabei könnten sie zum Beispiel abwechselnd theoretisches Wissen online erarbeiten, in Gruppen an einem Projekt arbeiten und zwischendurch individuelle Betreuung durch Trainer erhalten. Wichtig ist, dass die Abfolge und Dauer der einzelnen Phasen von Anfang an festgelegt sind.

Obwohl die Struktur des Modells festgelegt ist, bedeutet das nicht, dass es keinen Spielraum für Anpassungen gibt. Tatsächlich gibt es viele Möglichkeiten, das Rotations-Modell flexibel umzusetzen. Ein Beispiel ist die sogenannte Stationsrotation: Hier wechseln die Teilnehmenden zwischen verschiedenen Lernstationen, etwa einer Gruppe, die ein Thema diskutiert, einer Station mit einem Onlinequiz oder einer Einzelberatung mit einer Trainerin.

TIPP-BOX

Das Rotations-Modell ist besonders geeignet, wenn Lernende von einer Kombination aus selbstständigem Arbeiten und persönlicher Unterstützung profitieren sollen. Es bietet klare Orientierung, ohne dabei auf die individuellen Bedürfnisse der Lernenden zu verzichten.

Das Flex-Modell

Das Flex-Modell legt den Schwerpunkt auf digitale Inhalte, die in Kombination mit individueller Unterstützung bereitgestellt werden. Die Lernenden arbeiten größtenteils eigenständig mit digitalen Ressourcen wie Videos, Texten, Simulationen oder Quizfragen. Die begleitenden Präsenzphasen oder synchronen Termine stehen primär für gezielte Unterstützung und individuelle Förderung zur Verfügung, etwa in Form von 1:1-Coachings oder Kleingruppenarbeit.

Im Gegensatz zum Rotations-Modell steht beim Flex-Modell weniger der strukturierte Wechsel im Mittelpunkt, sondern die Flexibilität in der Zeit- und Ressourcenplanung. Lernende haben hier die Freiheit, die digitalen Inhalte in ihrem eigenen Tempo und nach ihren individuellen Bedürfnissen zu bearbeiten. Ein Beispiel aus der Unternehmenswelt: Mitarbeitende können einen E-Learning-Kurs zu Datenschutzbestimmungen absolvieren und dabei eigenständig auf Fallstudien oder FAQs zugreifen. Präsenzzeiten oder Live-Calls mit einer Tutorin werden nur dann in Anspruch genommen, wenn spezifische Fragen oder Herausforderungen auftreten.

TIPP-BOX

Das Flex-Modell eignet sich besonders für heterogene Zielgruppen mit unterschiedlichen Vorkenntnissen und Lernrhythmen. Es erfordert jedoch eine gut strukturierte digitale Plattform, die sowohl Inhalte als auch unterstützende Kommunikationskanäle bietet, um eine reibungslose Interaktion zu ermöglichen. Gleichzeitig ist es wichtig, dass die Lernenden über ausreichend Selbstmanagementkompetenzen verfügen, um eigenständig die Motivation aufrecht erhalten zu können.

Das Enriched-Virtual-Modell

Das Enriched-Virtual-Modell dient primär der Unterstützung des traditionellen Onlinelernens. In diesem Modell stehen digitale Inhalte und Lernressourcen im Zentrum, die von ergänzenden Präsenz- oder synchronen Elementen unterstützt werden. Anders als beim Rotations- oder Flex-Modell wird hier weniger Gewicht auf regelmäßige Präsenzphasen gelegt. Stattdessen dienen diese als ergänzende Veranstaltungen, die bei Bedarf individuelle Betreuung oder vertiefende Diskussionen ermöglichen.

Ein praxisnahes Beispiel ist ein Führungskräfteprogramm, bei dem die Teilnehmenden über einen längeren Zeitraum eigenständig an E-Learning-Modulen arbeiten, die Themen wie Leadership, Konfliktmanagement oder Changemanagement abdecken. Ergänzend gibt es optionale Webinare, Diskussionsforen oder Peer-Gruppentreffen, um sich über komplexere Fragestellungen auszutauschen. In diesem Modell liegt der Fokus stark auf der Selbststeuerung der Lernenden und der Nutzung digitaler Lernressourcen – Grundsätze, die bei leitenden Rollen besonders geschätzt werden, da sie ohne »Bevormundung« Grundlagen erarbeiten und anschließend hohen Mehrwert im Erfahrungsaustausch sehen.

TIPP-BOX

Der Vorteil des Enriched-Virtual-Modells liegt in der Möglichkeit, große Zielgruppen effizient zu erreichen, da nur wenige physische oder synchrone Veranstaltungen nötig sind. Gleichzeitig bietet es ausreichend Flexibilität für berufstätige Lernende oder solche mit stark wechselnden Zeitplänen. Es gibt allerdings einen Stolperstein zu beachten: Diese Methode erfordert ein hohes Maß an Eigeninitiative und digitale Kompetenzen, da der Fokus klar auf selbstgesteuertem Lernen liegt.

Halten wir fest: Blended Learning kann dazu beitragen, Theorie und Praxis gezielt zu verbinden und den Lernprozess durch klare Abläufe zu unterstützen. Durch den Wechsel zwischen verschiedenen Lernmethoden werden nicht nur unterschiedliche Kompetenzen angesprochen, sondern auch der Lernalltag abwechslungsreicher gestaltet.

Diese Kombination aus Struktur und Flexibilität macht die jeweiligen Modelle besonders wertvoll für Lernende mit vielfältigen Bedürfnissen und Lernzielen.

Ein entscheidender Erfolgsfaktor bei allen (digitalen) Lernformaten bleibt jedoch, die Motivation der Teilnehmenden hochzuhalten. Hier kommen kreative Ansätze wie Gamification und interaktive Lernmethoden ins Spiel. Sie schaffen nicht nur dynamische und ansprechende Lernerlebnisse, sondern fördern auch die Spannung und die aktive Beteiligung am Lernen.

Mit Gamification und interaktiven Lernmethoden Motivation fördern

Lernen muss nicht langweilig oder eintönig sein – im Gegenteil: Spielerische Ansätze haben das Potenzial, den Lernprozess zu einem motivierenden und einprägsamen Erlebnis zu machen. Gamification und interaktive Lernmethoden stehen dabei für eine neue Art des Lernens, die auf Spaß, Engagement und aktiver Beteiligung basiert. Anstatt Inhalte passiv aufzunehmen, werden die Lernenden dazu angeregt, selbst Teil des Geschehens zu werden.

Die Verbindung von Gamification und E-Learning liegt durch die digitale Natur der Lernmedien nahe: Spielmechaniken wie Punkte, Belohnungen oder Wettbewerbe werden auf Lernprozesse übertragen, um Neugier zu wecken und die Motivation zu steigern. Was in der Freizeit funktioniert – in Videospielen, Rätseln oder Brettspielen – kann auch im Bildungskontext effektiv eingesetzt werden. Besonders im E-Learning eröffnet Gamification vielfältige Möglichkeiten, da digitale Plattformen ideal sind, um interaktive und personalisierte Erlebnisse zu schaffen.

Spielerische Elemente im Lernen wirken sich nachweislich positiv auf kognitive Prozesse aus, da sie mehrere lernförderliche Mechanismen gleichzeitig ansprechen.

Unserer Beobachtung nach stärkt Gamification die sogenannte intrinsische Motivation – also die Motivation von innen heraus, in diesem Fall die Freude am Lernen selbst. Wird eine Aufgabe durch spielerische Anreize wie Herausforderungen, Belohnungen oder Feedbacksysteme begleitet, steigt die Bereitschaft, sich intensiver und ausdauernder mit dem Lernstoff zu beschäftigen. Dieser Effekt wird durch das Belohnungssystem im Gehirn unterstützt: Erfolgserlebnisse und Fortschritte – etwa das Erreichen eines neuen Levels oder das Lösen eines Rätsels – setzen Dopamin frei, das wiederum die Lern- und Erinnerungsfähigkeit steigert.

Es fördert zusätzlich die aktive Informationsverarbeitung. Der Grund:

- Im Gegensatz zu rein passiven Lernmethoden schulen Gamification und interaktive Lernmethoden die Lernenden darin, Probleme selbst zu lösen, praktisch mit anzupacken, Zusammenhänge zu erkennen und Entscheidungen zu treffen.
- Dabei werden nicht nur Fakten abgespeichert, sondern auch höhere Denkprozesse wie Analyse, Kreativität und Transferdenken angeregt. Besonders in Formaten wie Simulationen oder Escape Rooms, die realitätsnahe Szenarien abbilden, wird das Gelernte in einem praxisnahen Kontext angewendet. Die hier geschaffenen neuronalen Bahnen können später gerade bei zeitkritischen Handlungsfeldern – wie etwa im Brandfall nach einer Brandschutzschulung – helfen, schneller und sicherer relevante Entscheidungen zu treffen.
- Dieses »situierte Lernen«, bei dem Wissen direkt mit der späteren Anwendung verknüpft wird, ist ein entscheidender Faktor für langfristiges Lernen.

Interaktive Lernmethoden wie Simulationen, Escape Rooms oder 360°-Räume gehen sogar noch einen Schritt weiter. Sie schaffen immersive Umgebungen, in denen Lernende realitätsnahe Szenarien durchleben und »anfassen« können – sei es, um berufliche Herausforderungen zu meistern oder neue Fähigkeiten zu trainieren. »Learning by Doing«, also das aktive Ausprobieren, gilt als einer der effektivsten Wege, Wissen zu verankern. Die konkrete Umsetzung reicht von geschicktem Storytelling und Belohnungssystemen bis hin zu aufwendig programmierten Lernpfaden.

Grundelemente der Gamification

Gamification lebt von der geschickten Integration spielerischer Elemente in den Lernprozess. Diese Mechaniken, die aus der Welt der Spiele übernommen wurden, dienen nicht nur der Unterhaltung, sondern erfüllen einen klaren pädagogischen Zweck: Sie erhöhen die Motivation, schaffen Klarheit über den Fortschritt und fördern das Engagement der Lernenden. Einige der zentralen Bausteine der Gamification lassen sich in nahezu jedes Lernformat integrieren und haben sich in der Praxis als besonders wirksam erwiesen.

Punkte- und Belohnungssysteme

Punkte- und Belohnungssysteme gehören zu den bekanntesten Spielmechaniken. Lernende sammeln beispielsweise Punkte für das Absolvieren von Modulen, das Beantworten von Fragen oder das Erreichen von Lernzielen. Diese Belohnungen machen Fortschritte sichtbarer und vermitteln ein Gefühl der Leistung. Abzeichen, auch als »Badges« bekannt, stellen eine weitere Form der Anerkennung dar. Sie markieren wichtige Meilensteine im Lernprozess, wie das Abschließen eines Kurses oder das Erreichen einer bestimmten Kompetenz. Gerade im beruflichen Kontext können solche Abzeichen auch einen Anreiz schaffen, da sie als sichtbare Qualifikationsnachweise dienen.

TIPP-BOX

Denken Sie hier ruhig »out of the box« – die Punkte müssen nicht immer Punkte genannt werden. Lassen Sie Ihre Lernenden zum Beispiel Flugmeilen auf der Reise sammeln, Kilometer auf dem Weg zum Topseller zurücklegen oder nach einer fiktiven Krisensituation alle Schäfchen wieder ins Trockene bringen.

Levelsysteme

Eine weitere beliebte Mechanik ist das Levelsystem, bei dem Lernende in aufsteigenden Stufen durch den Lernstoff geführt werden. Durch die klare Strukturierung wird der Fortschritt greifbar, und jeder Levelabschluss dient als Mini-Erfolgserlebnis, das die Motivation hochhält. Ergänzend dazu können Ranglisten oder sogenannte Leaderboards eingeführt werden, die den Wettbewerb unter den Teilnehmenden fördern. Besonders in teamorientierten Lernumgebungen sorgt dies für einen zusätzlichen Anreiz, gemeinsam besser zu werden und sich untereinander auszutauschen.

Leicht abgewandelt können Levelsysteme außerdem genutzt werden, um Berufsgruppen unterschiedlich intensiv zu einem Thema zu schulen. Die grundlegenden Level sind so für Basiswissen reserviert, während Berufsgruppen mit hohem Bezug zum Schulungsthema dabei bis zu einem fortgeschrittenen Niveau fortfahren.

Storytelling

Neben diesen eher traditionellen Elementen spielen auch narrative Komponenten – sozusagen »der rote Faden« in der Geschichte – eine Rolle in der Gamification. Eine spannende Geschichte, die die Lernenden durch die Inhalte begleitet, sorgt für emotionale Bindung und steigert das Interesse am Lernprozess. Zum Beispiel könnten die Teilnehmenden in einem Sicherheitskurs die Rolle von Ermittlern übernehmen, die verschiedene »Fälle« lösen müssen, um den gesamten Kurs erfolgreich abzuschließen. Solche erzählerischen Ansätze können nicht nur motivieren, sondern auch helfen, komplexe Inhalte verständlicher zu machen. Unterschieden wird dabei oft zwischen dem direkten Ansatz, Light Storytelling und Heavy Storytelling:

- Der direkte Ansatz, bei dem der Alltag der Lernenden so nah wie möglich nachgestellt wird, folgt einer möglichst realistischen Rahmenhandlung – zum Beispiel in den Schuhen eines neuen Mitarbeiters, der nun zum ersten Mal den Weg eines Antragsschreibens vom Start bis zur finalen Genehmigung durch den Mentor-Protagonisten erklärt bekommt.
- Light Storytelling erhebt auch noch einen gewissen Bezug zum Alltag, vermittelt die Inhalte jedoch mit einem Augenzwinkern.
- Heavy Storytelling nutzt oft eine Rahmenhandlung in der Form einer Metapher, um die Inhalte erst induktiv und dann zunehmend direkt zu vermitteln. Unser fiktiver Antrag muss sich jetzt beispielsweise durch den Bürodschungel kämpfen und verschiedene dschungel-thematisierte Stationen bewältigen, bevor er im großen Happy End am Ziel ankommt und genehmigt wird.

TIPP-BOX

Wenn Sie sich noch nicht sicher sind, wie Storytelling bei Ihrer Zielgruppe ankommt, können Sie mit Light Storytelling gut die Gewässer testen. Der nur leicht veränderte Blickwinkel hilft oft, auch konservativere Zielgruppen abzuholen und trotzdem eine frische Perspektive zu schaffen.

Festzuhalten bleibt: Das Herzstück der Gamification ist nicht die bloße Unterhaltung, sondern die Förderung des Lernens durch gezielte

Aktivierung. Spielmechaniken lenken die Aufmerksamkeit der Lernenden, halten sie bei der Sache und schaffen immer wieder neue Blickwinkel und Anreize, sich mit den Inhalten auseinanderzusetzen. Dabei gilt es, eine Balance zwischen Herausforderung und Erreichbarkeit zu schaffen. Die Lernenden sollen sich weder unterfordert fühlen noch von zu hohen Anforderungen oder zu viel »Albernheit« abgeschreckt werden.

TIPP-BOX

Sie kennen Ihre Zielgruppe am besten, tasten Sie sich ruhig vorsichtig ran! Sie machen alles richtig, wenn Ihre Lernenden bestenfalls sogar vergessen, dass sie gerade ein Lernprogramm bearbeiten.

Richtig eingesetzt bieten die Grundelemente der Gamification nicht nur eine Möglichkeit, den Lernprozess abwechslungsreicher zu gestalten, sondern auch die Lernziele effektiver zu erreichen. Denn am Ende steht nicht das Spiel an sich im Vordergrund, sondern die Verankerung von Wissen und Fähigkeiten durch ein durchdachtes, motivierendes Lernumfeld.

Mit Simulationen im sicheren Umfeld Experimente wagen

»Es ist nicht genug zu wissen, man muss es auch anwenden. Es ist nicht genug zu wollen, man muss es auch tun« heißt es in Johann Wolfgang von Goethes Roman »Wilhelm Meisters Wanderjahre«. Dieses »Man muss es auch tun« gelingt im E-Learning mithilfe von Simulationen.

Simulationen sind effektive Lernmethoden, weil sie Lernende in realitätsnahe Umgebungen versetzen, ohne dass dabei Risiken oder Kosten wie im echten Leben entstehen – sie bieten das ultimative sichere

Umfeld. Sie basieren auf der Nachbildung spezifischer Situationen, Prozesse oder Szenarien, die in einer geschützten Umgebung erlebt und geübt werden können. Das Ziel ist es, komplexe Zusammenhänge praxisnah zu vermitteln und das Gelernte in den Alltag zu übertragen. Dabei sind Simulationen nicht nur ein Werkzeug für technische Berufe oder gefährliche Einsatzfelder – sie finden auch in vielen anderen Bereichen, wie Soft-Skill-Trainings oder Dialogsimulationen zur Führungskräfteentwicklung, ihren Platz.

Ihr größter Vorteil ist die Möglichkeit, praxisnah zu lernen, ohne reale Konsequenzen zu riskieren. Fehler, die in einer Simulation gemacht werden, haben keine negativen Auswirkungen, sondern dienen als wertvolle Lernmomente. Das direkte Feedback durch eventuelle Avatare gilt kognitiv als akzeptiertes »Korrektum« für Lernende, da es im Vergleich zu eventuellen Präsenz-Rollenspielen keine Scham-Momente gibt und das Feedback produktiv ohne Angriff auf das eigene Können aufgenommen werden kann.

Dies schafft eine sichere Lernumgebung, in der die Teilnehmenden ermutigt werden, verschiedene Ansätze auszuprobieren und aus ihren Erfahrungen zu lernen.

Ein weiterer Vorteil ist die hohe Interaktivität, die Simulationen bieten. Anstatt passiv Inhalte zu konsumieren, müssen die Lernenden aktiv Entscheidungen treffen und die Konsequenzen ihres Handelns erleben. »Learning by Doing« fördert nicht nur das Verständnis der Lerninhalte, sondern auch die Problemlösungsfähigkeit und das kritische Denken. Durch die Möglichkeit, Szenarien individuell anzupassen, können Simulationen zudem auf die spezifischen Bedürfnisse und Herausforderungen der Zielgruppe zugeschnitten werden.

Technologische Fortschritte wie Virtual Reality oder Augmented Reality (VR oder AR) erweitern das Potenzial von Simulationen zusätzlich. Beispielsweise könnten Lernende in einer VR-Simulation nicht nur die Funktionsweise eines medizinischen Geräts erlernen, sondern auch direkt in einem virtuellen Operationssaal stehen und realistische Eingriffe durchführen. Immersive Touren oder direkte Schritt-für-Schritt-Anleitungen am Gerät sind in ihrer technischen Umsetzung zwar herausfordernd, können jedoch durch den besonders lebensnahen Charakter einen ganz besonderen Schulungsmoment kreieren.

Einsatzmöglichkeiten von Simulationen

Simulationen lassen sich vielfältig einsetzen und an die individuellen Lernziele anpassen. Eine der am häufigsten genutzten Varianten sind Dialogsimulationen, die insbesondere im Bereich der Kommunikations- und Konflikttrainings Anwendung finden. Hier können Lernende Gespräche mit virtuellen Charakteren führen, etwa um Verkaufsgespräche, schwierige Feedbackgespräche oder Verhandlungssituationen zu üben. Diese Simulationen können in vielen Autorentools dynamisch auf die Antworten der Teilnehmenden reagieren, wodurch verschiedene Gesprächsverläufe und -ergebnisse getestet werden können.

Im technischen Bereich sind Simulationen ebenfalls weit verbreitet. So lassen sich komplexe Maschinen, Produktionsabläufe, Programme oder Wartungsprozesse virtuell nachbilden.

> **Lernende haben so die Möglichkeit, in einer sicheren Umgebung Fehler zu machen, verschiedene Vorgehensweisen auszuprobieren und ein tiefes Verständnis für die Funktionsweise der Systeme zu entwickeln.**

Ein High-End-Beispiel sind Flugsimulatoren, in denen Piloten den sicheren Umgang mit verschiedenen Szenarien – von Routineabläufen bis hin zu Notfällen – trainieren können. Es braucht jedoch nicht immer ein großes Entwicklerteam: Auch interaktive Click-Dummys aus Screenshots erfreuen sich bei Programmschulungen größter Beliebtheit.

Ein weiteres wichtiges Einsatzgebiet sind Notfallübungen, die insbesondere in Berufen mit hohen Sicherheitsanforderungen genutzt werden. Feuerwehrleute, medizinisches Personal oder Sicherheitskräfte können durch Simulationen auf kritische Situationen vorbereitet werden, ohne dass dabei Menschen oder Infrastruktur gefährdet werden. So lernen sie, auch unter Druck und in stressreichen Situationen sicher und schnell zu handeln, da die Hemmschwelle durch das Training bereits gesenkt und die richtigen kognitiven Bahnen gelegt wurden.

Praxisbeispiele für Simulationen

Ein Unternehmen, das erfolgreich Simulationen nutzt, ist ein internationaler Automobilhersteller, der seine Mitarbeitenden in der Bedienung und Wartung neuer Produktionsanlagen schult. Hier werden technische Abläufe in einer virtuellen Umgebung nachgebildet, sodass die Mitarbeitenden bereits vor der tatsächlichen Inbetriebnahme der Anlagen sicher im Umgang mit den Maschinen sind.

Auch im Gesundheitswesen haben Simulationen einen festen Platz. Ein Krankenhaus könnte beispielsweise medizinisches Personal mithilfe von Simulationen auf Notfälle wie Herzstillstände oder Traumapatienten vorbereiten. Dabei werden sowohl die technischen Fertigkeiten wie die Bedienung medizinischer Geräte als auch die Teamarbeit unter realistischen Bedingungen trainiert.

Im Bereich der Soft Skills wäre ein Beispiel eine Dialogsimulation für Führungskräfte, die darin geschult werden, Mitarbeitergespräche zu schwierigen Themen wie Leistungsfeedback oder Konflikten im Team zu führen. Hierbei könnte ein virtueller Avatar auf verschiedene Gesprächsansätze unterschiedlich reagieren, sodass die Teilnehmenden die Wirkung ihres Handelns direkt erleben und reflektieren können.

Simulationen sind nicht nur eine Möglichkeit, Wissen und Fähigkeiten praxisnah zu vermitteln, sondern auch ein Werkzeug, um Lernprozesse abwechslungsreicher und effektiver zu gestalten.

Durch die Kombination von realitätsnahen Szenarien, technologischen Möglichkeiten und aktivem Lernen bilden sie eine Brücke zwischen Theorie und Praxis und leisten einen entscheidenden Beitrag zur Qualifizierung in einer Vielzahl von Berufsfeldern.

Mit Lernspielen Inhalte unterhaltsam nahebringen

Lernspiele gehören zu den beliebtesten Methoden, um Inhalte interaktiv und unterhaltsam zu vermitteln. Sie bieten eine willkommene Abwechslung zu klassischen Lernformaten und können sowohl für Kinder als auch für Erwachsene erfolgreich eingesetzt werden – besonders dann, wenn sie in ein durchdachtes didaktisches Konzept eingebettet sind.

Lernspiele lassen sich in nahezu jedem Kontext einsetzen – von der Vermittlung technischer Fähigkeiten über Soft-Skill-Trainings bis hin zur Wissensprüfung in Kursen oder Seminaren.

Sehr verbreitet ist der Einsatz von Quizfragen, beispielsweise am Ende eines Moduls, um das Gelernte zu reflektieren und spielerisch zu festigen. Quizspiele sind ein einfacher Einstieg in spielerische Wissensabfragen und könnten auch als »Quizshow« gestaltet werden. Ein gelungenes Beispiel für den Einsatz von Storytelling für Lernspiele ist ein Onlinekurs, der Mitarbeitenden die Grundlagen der Cybersicherheit vermittelt. Hier könnte ein Spiel eingebaut sein, in dem die Teilnehmenden die Rolle eines Sicherheitsbeauftragten übernehmen und reale Bedrohungen wie Phishing-Angriffe identifizieren und abwehren müssen.

Spannend sind auch Strategiespiele, die den Fokus auf Planung, Problemlösung und Entscheidungsfindung legen. Diese eignen sich besonders für Führungskräfte-, Politik- oder Projektmanagement-Trainings. Ein Spiel könnte die Aufgabe stellen, begrenzte Ressourcen optimal einzusetzen, um ein Ziel zu erreichen, etwa den Erfolg eines fiktiven Unternehmens zu sichern oder eine Krisensituation zu bewältigen.

Simulationsbasierte Lernspiele kombinieren die Vorzüge von Simulationen mit spielerischen Herausforderungen. Hier könnten Teilnehmende beispielsweise die Rolle eines virtuellen Charakters übernehmen und in einer simulierten Umgebung Aufgaben lösen, die ihren beruflichen Herausforderungen entsprechen. In einem medizinischen Lernspiel könnten sie etwa Diagnosen stellen oder Behandlungen planen und so ihre Fachkenntnisse anwenden, um Punkte oder Punktvariationen wie »glückliche Patienten« zu sammeln.

Adventures sind eine weitere spannende Kategorie. In diesen Spielen übernehmen die Lernenden eine aktive Rolle und tauchen in eine Geschichte – oft im Heavy Storytelling – ein, die sie durch verschiedene Herausforderungen führt. Sie lösen Rätsel, treffen Entscheidungen und sammeln dabei wertvolles Wissen. Ein Beispiel wäre ein Adventure-Spiel, in dem Mitarbeitende in die Rolle eines Teamleiters schlüpfen, der komplexe Entscheidungen treffen muss, um sein Team erfolgreich durch eine Projektphase zu führen.

Rollenspiele, bei denen die Lernenden in spezifische Rollen schlüpfen und die oft mit Funktionen der Dialogsimulationen verbunden sind, sind ideal für den Bereich der Soft Skills. In einem Spiel könnten sie etwa schwierige Verhandlungsgespräche führen, um ihre kommunikativen Fähigkeiten zu schärfen.

360°-Umgebungen bieten Lernenden ähnliche Möglichkeit wie VR- oder AR-Programme, sind jedoch oft deutlich unkomplizierter umzusetzen. Auch hier können Szenarien realitätsnah nachgestellt werden, in denen die Lernenden sich frei bewegen und Entscheidungen treffen können. Wie praktisch wäre ein virtuelles Sicherheits- oder Gefahrentraining, bei dem Mitarbeitende ihre alltägliche Produktionsstätte erkunden, potenzielle Gefahrenquellen identifizieren und in einem simulierten Umfeld sicherheitskonforme Maßnahmen umsetzen? Die Stärke von 360°-Umgebungen liegt in ihrer Authentizität: Die visuelle und räumliche Gestaltung fördert das Gefühl der Präsenz und erhöht die Aufnahmebereitschaft für komplexe Inhalte. Besonders in Bereichen wie Arbeitsschutz, technische Schulungen oder kulturelle Sensibilisierung, etwa bei internationalen Einsätzen, können solche virtuellen Räume realitätsnahe Erfahrungen bieten, ohne dass teure Vor-Ort-Schulungen nötig sind.

Digitale Escape Rooms sind ein recht neu aufsteigendes Format in E-Learnings. Es stammt ursprünglich aus der Freizeitgestaltung. Wie auch in realen Escape Rooms lösen die Teilnehmenden eine Reihe von Aufgaben und Rätseln, um aus einem »virtuellen Raum« zu entkommen oder ein Problem der Rahmenhandlung zu lösen. Die Herausforderungen sind dabei oft thematisch abwechslungsreich gestaltet, etwa als Kriminalfall, wissenschaftliches Experiment oder Unternehmensszenario. Durch das betonte Storytelling, werden oft weniger fachliche Kompetenzen geschult, sondern stattdessen Produktkenntnisse oder Soft Skills wie analytisches Denken oder Problemlösung. Es gibt nicht nur harte Fakten, sondern es geht auch darum, Codes zu knacken, Sicherheitslücken zu schließen und Rätsel zu lösen – dies betont den spielerischen Charakter. Der große Vorteil dieses Formats liegt in der hohen Motivation der Teilnehmenden, die sich durch den spielerischen Wettbewerb ergibt, mit der Folge, dass dieses Format intern oft durch Mundpropaganda weiterempfohlen wird.

Lernspiele eignen sich besonders dann, wenn die Motivation der Lernenden gesteigert werden soll und der Lernprozess von Interaktivität profitieren kann.

Ihr größter Vorteil liegt darin, dass sie die intrinsische Motivation wecken können: Die spielerische Gestaltung schafft eine Umgebung, in der sich die Teilnehmenden weniger wie in einem klassischen Lernformat fühlen und stattdessen in eine herausfordernde, aber unterhaltsame Aktivität eintauchen. Gerade bei komplexen Themen senken Lernspiele die Hemmschwelle, sich intensiv mit den Inhalten auseinanderzusetzen, und fördern die Bereitschaft, sich auch über längere Zeiträume mit den Inhalten zu beschäftigen – trotz der immer kürzeren Aufmerksamkeitsspannen.

Gamification: Lernende aktiv einbinden

Gut genutzt sind alle Formen von Gamification für ein aktiveres Einbinden der Lernenden. Im Gegensatz zu rein passivem Wissenserwerb – wie dem Lesen von Texten oder Frontalunterricht – fordern Simulationen und Lernspiele von den Teilnehmenden, selbst Entscheidungen zu treffen, Probleme zu lösen und Ergebnisse zu bewerten. Dieser aktive Ansatz ermöglicht eine tiefere Verarbeitung der Inhalte und erhöht die Wahrscheinlichkeit, dass das Gelernte langfristig behalten wird.

Auch die integrierten Feedback-Mechanismen spielen eine zentrale Rolle als sogenanntes »akzeptiertes Korrektum«: Lernmedien mit Gamification-Ansätzen liefern direktes und unmittelbares Feedback, sei es durch Punktzahlen, Erfolgsmeldungen oder Hinweise zu getroffenen Entscheidungen. So können Lernende spielerisch aus Fehlern lernen und kontinuierlich ihre Fähigkeiten verbessern – ohne den Frust, der in klassischen Präsenz-Lernsettings bei Falschantworten entstehen könnte.

Auch zum Thema Gamification haben wir eine Checkliste erstellt.

Checkliste: Gamification

Punkte- und Belohnungssysteme

- ❑ **Punkte sammeln: Fortschritt belohnen durch Punkte für absolvierte Module, beantwortete Fragen oder erreichte Lernziele**
- ❑ **Abzeichen / Badges: Markieren von Meilensteinen wie Kursabschlüsse oder Kompetenznachweise**
- ❑ **Kreative Belohnungen: statt »Punkten« alternative Begriffe verwenden (etwa Flugmeilen, Kilometer, Schäfchen retten)**

Levelsysteme

- ❑ **Aufstiegssystem: Lernstoff in aufsteigende Stufen gliedern, die Mini-Erfolgserlebnisse bieten**
- ❑ **Ranglisten / Leaderboards: Wettbewerb fördern und Motivation durch Vergleich mit anderen steigern**
- ❑ **Zielgruppenspezifische Level: Wissensstufen differenzieren, um Basis- und Expertenwissen anzusprechen**

Storytelling

- ❑ **Rahmenhandlung einbauen: Geschichten schaffen emotionale Bindung und steigern Interesse**
- ❑ **Ansätze variieren:**
  - ❑ **Direktes Storytelling: Alltag der Lernenden realitätsnah nachstellen**

- ☐ Light Storytelling: Inhalte mit einem Augenzwinkern präsentieren
- ☐ Heavy Storytelling: Rahmenhandlungen als Metapher für Lerninhalte nutzen

☐ Tipp: Mit Light Storytelling beginnen, um konservativere Zielgruppen abzuholen

Simulationen

☐ Praxisnähe: Realitätsnahe Szenarien in sicherer Umgebung nachbilden

☐ Fehlerfreundlichkeit: Fehler machen und daraus lernen, ohne reale Konsequenzen

☐ Hohe Interaktivität: aktives Entscheiden und Feedback fördern Problemlösungsfähigkeiten

☐ Technologie nutzen: Möglichkeiten von VR, AR oder 360°-Umgebungen ausschöpfen

Lernspiele

☐ Quizspiele: Wissen spielerisch abfragen und festigen

☐ Strategie- und Simulationsspiele: Problemlösung und kritisches Denken fördern

☐ Adventures und Rollenspiele: aktive Rollen übernehmen und Herausforderungen meistern

☐ Digitale Escape Rooms: Rätsel lösen, analytisches Denken und Teamarbeit trainieren

Besonders spannend ist die Frage, wie sich bei WBTs die Motivation der Teilnehmenden erzeugen und hochhalten lässt. Hier sind einige Dos und Don'ts zu beachten. Zu den Dos gehören:

- Klare Struktur und klares Ziel
- Praxisnaher Nutzen
- Interaktiver und spielerischer Aufbau
- Personalisierung
- Ausgewogener Medienmix
- Professionelle, anpassbare Voiceovers
- Kurze und flexible Einheiten
- Klare Leitfragen
- Schneller Zugriff und einfache Nutzung

Aber es gibt natürlich auch Don'ts:

- Zu lang und monoton
- Überladenes Design
- Schlechte Lesbarkeit
- Unnötige Wartezeiten
- Technische Probleme
- Unpersönlicher und oberflächlich Aufbau
- Künstliche und monotone Stimmen
- Erzwungene Teilnahme ohne Mehrwert

▶ QUICKREADER:
Das Wichtigste dieses Kapitels im raschen Überblick

- Ihre E-Learning-Kurse sollten den Punkten Selbstbestimmtheit, Erfahrungsbezug und Praxisorientierung genügen.
- Instructional Design ist ein wichtiger pädagogischer Baustein, da die Interaktion zwischen Lernenden und Lehrenden oft indirekt erfolgt und die digitale Lernumgebung gezielt gestaltet werden muss, um erfolgreiches Lernen zu ermöglichen.
- Die präzise Formulierung von Lernzielen hilft, mögliche Stolpersteine vorherzusehen und den Lernerfolg messbar zu machen.
- Mit Blended Learning gelingt es, Theorie und Praxis zu verbinden und den Lernprozess durch klare Abläufe zu unterstützen.
- Mit Gamification und interaktiven Lernmethoden lässt sich die Motivation der Teilnehmenden hochhalten. Sie schaffen dynamische Lernerlebnisse und fördern die Spannung und die aktive Beteiligung am Lernen.
- Simulationen basieren auf der Nachbildung spezifischer Situationen, Prozesse oder Szenarien, die in einer geschützten Umgebung erlebt und geübt werden können. So lassen sich gefahrlos komplexe Zusammenhänge praxisnah vermitteln und das Gelernte in den Alltag übertragen.
- Sofern Lernspiele in ein durchdachtes didaktisches Konzept eingebettet sind, gehören sie zu den beliebtesten Methoden, um Inhalte interaktiv und unterhaltsam zu vermitteln.

KAPITEL 4

Die sieben großen Chancen und Vorteile des E-Learnings nutzen

Im Fokus dieses Kapitels stehen die unbestreitbaren Vorteile, die das E-Learning zu bieten hat. Dazu zählt zum Beispiel das flexible und barrierefreie Lernen nach eigenem Zeitplan, im eigenen Tempo und an dem Ort, den die Lernenden selbst bestimmen können. Weitere Vorteile bieten unter anderem die Aspekte Personalisierung, Scaffolding, Differenzierung sowie Kosteneffizienz und Ressourcenschonung.

Vorteil 1: Mit hoher Flexibilität und einfacher Zugänglichkeit Lernerfolge erleichtern

Im Corporate-Umfeld ist es besonders wichtig, Wissen flexibel bereitzustellen und leicht zugänglich zu machen. Oft ist es notwendig, spezifisches Wissen an unterschiedlichen Orten und zu verschiedenen Zeiten bereitzustellen, um den dynamischen und globalen Strukturen vieler Unternehmen oder Organisationen gerecht zu werden. Genau hier zeigt asynchrones E-Learning seine Stärken – sei es durch Web Based Trainings, Website-Strukturen oder Lernvideos. Diese Formate bieten Wissen gewissermaßen »on demand« an: also auf Abruf. Durch die fortschreitende Digitalisierung weltweit ist es E-Learning-Formaten möglich, Bildung für mehr Menschen leichter zugänglich zu machen und sie individuell beim Lernen zu unterstützen, ohne zusätzliche Ressourcen zu beanspruchen. Dabei gehen die Anforderungen an Flexibilität und Zugänglichkeit Hand in Hand, denn sie sind die Grundlage für eine Lernumgebung, die zu jeder Zeit auf die Bedürfnisse heterogener Lerngruppen zugeschnitten ist.

Zeitliche und räumliche Flexibilität nutzen

Flexibilität im E-Learning bezieht sich auf die Möglichkeit für Lernende, Lernangebote nach eigenem Zeitplan, in ihrem eigenen Tempo und an verschiedenen Orten zu nutzen. Diese Flexibilität ist besonders wichtig, wenn spezifische Teile in spezifischen Situationen gebraucht werden. Denken wir zum Beispiel an einen Sales-Mitarbeiter, der vor dem Kundentermin noch die wichtigsten Features eines neuen Produktes lernen muss. Anders als in traditionellen Lernumgebungen, die feste Stundenpläne und Anwesenheitspflichten mit sich bringen, erlaubt E-Learning eine individuelle Organisation des Lernprozesses.

Ein Schlüsselaspekt der Flexibilität im E-Learning ist die zeitliche Unabhängigkeit. Onlinekurse und Lernplattformen sind oft rund um die Uhr zugänglich, was es Lernenden ermöglicht, selbst zu entscheiden, wann sie sich mit dem Lernstoff beschäftigen.

So können Berufstätige Arbeitszeiten mit Leerlauf optimal nutzen. Diese zeitliche Flexibilität stellt sicher, dass niemand von einer festen Struktur ausgeschlossen wird und auch die Mitarbeitenden lernen können, deren Zeitplan einen geregelten Lernplan unmöglich machen, da sie viel Zeit mit Kunden verbringen oder auf Reisen sind. Ein weiterer Aspekt der Flexibilität betrifft das Lernpensum. E-Learning ermöglicht es den Lernenden, ihr eigenes Tempo zu bestimmen, was vor allem für Menschen mit verschiedenen Lernstilen und -geschwindigkeiten hilfreich ist. Während einige Lernende Inhalte schneller erfassen und den Kurs zügig durchlaufen können, benötigen andere mehr Zeit, um den Stoff zu verstehen. Im E-Learning können die Lernenden schwierige Inhalte wiederholen, Übungen mehrfach durchgehen und so lange mit dem Stoff arbeiten, bis sie sich sicher fühlen. Diese individuelle Anpassung fördert ein nachhaltigeres Lernen und unterstützt den Lernerfolg. Voraussetzung dafür ist, dass die Lerninhalte zielgruppenspezifisch aufgebaut werden.

Das Lernen für unterschiedliche Zielgruppen ansprechend gestalten

Hier entsteht ein zweifacher Fokus: einerseits auf dem Strukturieren von Lerneinheiten; andererseits auf dem Umgang mit den verschiedenen Lerntypen. Es empfiehlt sich daher, folgende Aspekte zu berücksichtigen:

- Inhalte den Lernzielen entsprechend aufteilen: Es ist zielführend, große Themen in kleinere Sinngruppen aufzuteilen, um den Teilnehmenden Orientierung und Motivation zu bieten.

- Bei Microlearnings und Modulen zehn- bis maximal 15-minütige Lerneinheiten kreieren (bei Videos auch gern maximal zwei Minuten), die bei Bedarf zu längeren Lernpfaden zusammengelegt werden können. Diese Modularität befähigt Lernende, Inhalte nach individuellen Bedürfnissen oder Vorkenntnissen auszuwählen.
- Zur Ansprache verschiedener Lerntypen (visuell, auditiv, haptisch-kinästhetisch, kommunikativ) unterschiedliche Formate nutzen:
  - Videos und Infografiken für visuelle Lernende
  - Audioinhalte oder Podcasts für auditive Lerntypen
  - Interaktive Übungen oder Simulationen für haptisch-kinästhetische Lernende
  - Gruppenarbeiten oder Diskussionsforen für kommunikative Lernende
- Wichtig ist, Lerninhalte auch bei kleinen Lerneinheiten möglichst immer auf zwei unterschiedliche Weisen darzustellen:
  - Erklärt das Voiceover gerade eine wichtige Abfolge, sollten die Schritte auch visuell auf dem Screen dargestellt werden.
  - Wird ein Inhalt induktiv mit einer Simulation vermittelt, sollte er abschließend noch einmal textlich zusammengefasst werden.

Auch die räumliche Flexibilität spielt eine große Rolle. Dank E-Learning sind Menschen nicht an einen festen Ort gebunden und können lernen, wo es für sie am besten passt – sei es im Büro, im Homeoffice oder auf Reisen beim »Workation«. Bei Letzterem handelt es um ein Schachtelwort aus »Work« and »Vacation«.

Zusätzlich zur zeitlichen und räumlichen Flexibilität – und Hand in Hand mit dem anpassbaren Lernpensum – bietet E-Learning eine inhaltliche Flexibilität. Die Lernenden können oft selbst wählen, welche Module oder Themenbereiche sie bearbeiten möchten, und so ihren Lernweg individuell gestalten. Viele Plattformen bieten modulare

Lerninhalte, die nach Bedarf und Interesse zusammengestellt werden können. Diese Modularität erlaubt es den Lernenden, sich gezielt in bestimmten Themenbereichen weiterzubilden, ohne ein gesamtes Curriculum durchlaufen zu müssen. Dies ist besonders attraktiv für Mitarbeitende, die spezifische Kompetenzen aufbauen wollen oder müssen und dies nun leisten können, ohne in eine umfassende Ausbildung investieren zu müssen.

Dies wirft die Frage auf, wie sich die zusätzlichen Lernangebote für die Mitarbeitenden attraktiv gestalten lassen – hier einige Vorschläge:

- **Awareness für freiwillige Zusatzangebote:** Titel und Beschreibungen müssen möglichst prägnant hinterlegt werden; interne Marketingmaßnahmen (Newsletter, Events, interne soziale Kanäle, Aufsteller oder Goodies) können dabei helfen. Den Mitarbeitenden muss bewusst sein, dass es spezifische Lernangebote gibt und welchen konkreten Nutzen sie jeweils daraus ziehen können.
- **Lerngruppen im LMS:** Wird ein LMS genutzt, sollte auch über die sinnhafte Zuweisung von Lerninhalten nachgedacht werden, um eventuelle Synergie-Themen vom Lernangebot anderer Abteilungen nutzen zu können.
- **Microlearnings und Lernnuggets aufgreifen:** Das Aufteilen der Inhalte in möglichst kleine Lerneinheiten ermöglicht den Lernenden einen gezielten Zugriff auf die gewünschten Informationen.
- **Nutzen als »Nachschlagewerk«:** Die meisten Autorentools erlauben auch innerhalb einer Lerneinheit eine freie Kapitelnavigation für Web Based Trainings, bei der Lernende gezielt Inhalte ansteuern können, die für sie interessant sind.
- **»Nachschlagen« in Pflichtschulungen:** Bei Pflichtschulungen empfiehlt es sich, das erste Durcharbeiten verpflichtend als lineare Struktur mit sogenannten »Seitensperren« anzulegen, damit jede Seite nacheinander vollständig bearbeitet werden muss – nach dem ersten Durchlauf kann die Seitensperre jedoch oft programmseitig

enthoben werden (etwa in Articulate Storyline). Gibt es das genutzte Tool nicht her, empfiehlt sich ein Handout.

Zugänglichkeit durch Barrierefreiheit: Bildung für alle ermöglichen

Während die Flexibilität des E-Learnings den Lernprozess an die Bedürfnisse der Lernenden anpasst, sorgt die Zugänglichkeit dafür, dass möglichst viele Menschen von diesen Bildungsangeboten profitieren können. Zugänglichkeit bezieht sich dabei auf die barrierefreie und inklusive Gestaltung der Plattformen und Inhalte, sodass Menschen unabhängig von physischen, sprachlichen oder technischen Hindernissen lernen können.

Ein entscheidender Aspekt der Zugänglichkeit ist die barrierefreie Gestaltung der Lernplattformen und -materialien.

Barrierefreiheit bedeutet, dass Menschen mit Behinderungen oder besonderen Bedürfnissen gleichberechtigt Zugang zu Bildung haben. Hierzu gehören technische Anpassungen wie die Möglichkeit zur Textvergrößerung, Farb- und Kontrastanpassungen sowie Screenreader-Unterstützung, die vor allem für sehbehinderte Menschen notwendig ist. Auch die Bereitstellung von Untertiteln oder die Möglichkeit, Texte in gesprochene Sprache umzuwandeln (Text-to-Speech), sind wichtige Funktionen, um ein breites Spektrum an Lernenden zu unterstützen.

Darüber hinaus sind viele E-Learning-Angebote heute auf mobilen Geräten verfügbar, was für Menschen, die auf solche Geräte angewiesen sind, die Nutzung erleichtert. Mobile-freundliche Plattformen und Apps erlauben es, dass Lernende mit den Geräten ihrer Wahl auf die Inhalte zugreifen können. Dadurch wird die Flexibilität und Zugänglichkeit noch weiter erhöht.

Die öffentliche Hand ist rechtlich dazu verpflichtet, ihre digitalen Informationsangebote barrierefrei zur Verfügung zu stellen. Die Bundesbehörden müssen Ihre digitalen Angebote gemäß der Barrierefreie-Informationstechnik-Verordnung (BITV 2.0) gestalten. Die Verpflichtung der Länder ergibt sich aus den jeweiligen Landesbehindertengleichstellungsgesetzen (LBGG). Auch kommunale Einrichtungen, öffentliche Bildungseinrichtungen, die öffentlichen Rundfunkanstalten, Einrichtungen des Gesundheitswesens, der Justiz und Polizei sowie Dienstleister der Daseinsvorsorge oder Unternehmen mit öffentlichem Auftrag oder öffentlicher Finanzierung sind zur barrierefreien Gestaltung verpflichtet.

Sprachliche und kulturelle Vielfalt sowie technische Zugänglichkeit

Die sprachliche und kulturelle Zugänglichkeit ist ebenfalls von großer Bedeutung für eine inklusive Bildungslandschaft. Viele E-Learning-Plattformen bieten mittlerweile Inhalte in mehreren Sprachen an und berücksichtigen kulturelle Unterschiede. Dies ermöglicht es Lernenden aus verschiedenen Regionen und Kulturen, sich mit den Inhalten zu identifizieren und einen Bezug zu ihrer eigenen Lebensrealität herzustellen.

> **Die Bereitstellung mehrsprachiger Inhalte fördert nicht nur das Verständnis, sondern eröffnet auch Menschen mit unterschiedlichen sprachlichen Hintergründen die Möglichkeit, an den Lernangeboten teilzunehmen.**

Nicht zuletzt ist die technische Zugänglichkeit ein wichtiger Faktor im E-Learning. Dazu gehört der Zugang zu einer stabilen Internetverbindung sowie die Verfügbarkeit geeigneter Endgeräte. In Regionen, in denen die technische Infrastruktur nicht ausreichend entwickelt ist, sind E-Learning-Angebote oft weniger zugänglich. Einige Plattformen arbeiten jedoch daran, Offline-Funktionen anzubieten, damit Lernende auch ohne permanente Internetverbindung auf Inhalte zugreifen können. Zudem ist die Benutzerfreundlichkeit der Plattformen von Bedeutung, damit Lernende ohne umfangreiche technische Vorkenntnisse den Zugang zu den Lerninhalten finden. Viele Plattformen bieten daher intuitive Benutzeroberflächen und stellen Hilfsmittel wie Tutorials oder Support-Services bereit, um eine möglichst reibungslose Nutzung zu gewährleisten.

Wenn ein Unternehmen ein LMS verwendet, stehen damit die Lerneinheiten automatisch räumlich und zeitlich flexibel und gut zugänglich zur Verfügung. Normalerweise sind LMS-Lösungen von überall aus (eine Internetanbindung vorausgesetzt) zugänglich. Ausnahmen gibt es bei besonders gesicherten Netzwerken oder wenn keine Internetanbindung zur Verfügung steht. Doch auch dann sind technische Lösungen möglich – besonders sichere Anbindungen, getrennte Netze und / oder Offline-Player für das LMS. Geeignete Endgeräte müssen zur Verfügung stehen und beim Aufbau des Lernangebotes berücksichtigt werden. Auch das Thema Sprachen muss geklärt sein, etwa: Welche Sprachen sollen umgesetzt werden? Wird eine bestimmte Zielsprache für die Aufgaben benötigt? Sollte einfache Sprache eingesetzt werden?

Es gibt also einige Aspekte, die im Vorfeld bedacht und geklärt werden sollten. Dazu zählt die Frage, ob von vornherein ein Barrierefrei-zertifiziertes LMS und ein ebenso zertifiziertes Autorentool verwenden werden sollte. Doch auch der Content muss eventuell neu gedacht werden. Eine bestehende Lösung nachträglich barrierefrei zu machen ist, ist entweder unmöglich oder mit deutlich höheren Kosten verbunden.

Barrierefreiheit: Praktische Tipps zu Konzeption, Grafik / Design und Technik

Die vielfältigen Anforderungen an Barrierefreiheit auf EU-Ebene führen zu unterschiedlichen Lösungsansätzen auf nationaler Ebene. Hier zeigt sich eine zentrale Herausforderung: Eine universelle Lösung, die für alle Trainings gleichermaßen geeignet ist, existiert bislang nicht. Daher ist es essenziell, die spezifischen Bedürfnisse und Anforderungen der jeweiligen Zielgruppe individuell zu analysieren. Zudem sollten die Anforderungen an das Training entsprechend festgelegt werden.

Eine pragmatische, technisch einfache Lösung könnte in der Bereitstellung einer PDF-Datei mit den relevanten Inhalten bestehen, die mittels Screenreader zugänglich ist. Allerdings fehlt einer solchen Lösung die Interaktivität und Motivationsförderung, die moderne E-Learnings auszeichnen. Um dennoch eine grundlegende Barriere-Armut für interaktive Trainings sicherzustellen, sind zur Orientierung im Folgenden Basiskriterien definiert, die barrierearme Trainings erfüllen sollten. Diese Grundstandards dienen hier als Ausgangspunkt, um gezielt barrierefreie Elemente zu integrieren und die Trainingsbedürfnisse verschiedener Zielgruppen abzudecken.

Die Entwicklung barrierefreier E-Learnings erfolgt auf drei zentralen Ebenen: Konzeption, Grafik / Design und Technik.

Auf der konzeptionellen Ebene liegt der Fokus auf der Einhaltung gendergerechter Sprache, der Berücksichtigung von Diversität sowie der Produktneutralität. Sämtliche Interaktionen müssen so gestaltet sein, dass sie für Menschen mit Einschränkungen und Behinderungen verständlich und zugänglich sind. Beispielsweise wird aus »Klicken Sie auf …« ein neutraleres »Wählen Sie an …«. Feedbacktexte müssen klar und unmissverständlich formuliert sein – statt »Sehen Sie sich die Lösung an« empfiehlt sich »Die richtige Lösung lautet …«.

Bestimmte Aufgabenformate, wie Drag-and-Drop-Aufgaben oder Mouse-Overs, werden vermieden, da sie eine mausfreie Bedienung erschweren. Zeitgesteuerte Änderungen auf der »Bühne« (etwa das automatische Verschwinden von Inhalten innerhalt einer Animation) sind ebenfalls auszuschließen, um Lernenden die selbstbestimmte Verarbeitung der Inhalte zu ermöglichen. Stattdessen bleibt der Fortschritt manuell steuerbar.

Ein weiteres zentrales Element ist die Unterstützung von Screenreadern. Hierbei wird vorab die Reihenfolge der vorzulesenden Inhalte definiert, um eine logische und intuitive Nutzung zu gewährleisten. Ergänzend müssen Alternativtexte, sogenannte Alt-Texte, für Grafiken, Fotos, Links und Funktionselemente hinterlegt werden, um wichtige Inhalte auch visuell eingeschränkten Personen zugänglich zu machen.

TIPP-BOX

Multimediale Inhalte wie Videos und Audios bedürfen zusätzlicher Aufbereitung, darunter Transkripte, Untertitel, barrierefreie PDF-Dokumente und bei Bedarf Audiodeskriptionen. Auch eine einfache und klare Seitengestaltung, kurze und verständliche Sätze sowie eine durchdachte Gliederung und Benennung der Inhalte sind für barrierefreie E-Learnings essenziell.

Kommen wir zur *gestalterischen Ebene*. Hier sind klare und intuitive Interaktionselemente wie Buttons und Links erforderlich. Insbesondere für die Tastaturbedienung muss der Fokuszustand visuell hervorgehoben werden. Farbschemata und Kontraste sollten so gewählt werden, dass sie auch bei Wahrnehmungsschwächen, wie einer Rot-Grün-Sehschwäche, verständlich bleiben. Farbunabhängige Darstellungen sind ebenso wie ein starker Kontrast zwischen Hintergrund und Vordergrund unabdingbar. Grafische Inhalte sollten weitgehend auf Texte verzichten, und variable Schriftgrößen sollten im Layout berücksichtigt werden.

Auf *technischer Ebene* müssen E-Learnings responsiv gestaltet sein, um eine optimale Darstellung auf verschiedenen Endgeräten zu gewährleisten. Textabstände und andere Parameter sollten anpassbar sein. Inhalte wie Audios oder Videos dürfen nicht automatisch abgespielt werden, sondern sollten aktiv vom Lernenden gestartet werden können. Zusätzlich ist die Bereitstellung barrierefreier Textversionen für nicht-barrierefreie Formate wie Podcasts oder Videos an den entsprechenden Stellen notwendig. Auch Glossare und andere ergänzende Materialien müssen uneingeschränkt zugänglich sein.

Abschließend sei festgehalten: Die Entwicklung barrierefreier E-Learnings ist zweifellos mit höherem Produktionsaufwand und zusätzlichen Kosten verbunden – selbst ein Video braucht eine Volltextalternative; eine barrierefreie PDF muss entsprechend didaktisch aufbereitet werden. Doch dieser Einsatz eröffnet Menschen mit Einschränkungen Zugang zu qualitativ hochwertigen Weiterbildungsformaten und kann bisher ungenutzte Potenziale ausbauen. In einem Arbeitsmarkt mit Fachkräftemangel profitiert letztlich die gesamte Wirtschaft von einem diverseren und inklusiveren Zugang zu Wissen. E-Learnings mit barrierefreien Standards leisten einen entscheidenden Beitrag zur Teilhabe und Kompetenzförderung aller Mitarbeitenden.

Vorteil 2: Mit personalisiertem Lernen individuell lernen

Personalisierung im E-Learning stellt die Lernenden in den Mittelpunkt. Inhalte, Methoden und Tempo werden gezielt an die individuellen Bedürfnisse und Fähigkeiten angepasst. Das Ziel: Jede und jeder soll optimal durch die individuelle Gestaltung der Lerninhalte gefördert werden. Statt eines starren »One-Size-Fits-All«-Ansatzes eröffnet personalisiertes Lernen flexible Wege innerhalb der sonst eher statischen digitalen Lernformate. Manche Lernende erfassen neue Inhalte schnell. Andere brauchen mehr Zeit, Wiederholungen oder zusätzliche Unterstützung. Personalisierung berücksichtigt solche Unterschiede und bietet Abkürzungen oder zusätzliche Inhalte: Personalisierung sorgt dafür, dass niemand überfordert wird, aber auch niemand unterfordert bleibt. Gerade digitale Lernumgebungen bieten dafür ideale Voraussetzungen, besonders wenn Teile des Entwicklerteams Programmierkenntnisse haben. Um konkret zu verbleiben:

Indem Inhalte, Aufgaben und vor allem Lernpfade strikt personalisiert und auf den einzelnen Lernenden abgestimmt werden, wird dieser in die Lage versetzt, sein eigenes Lernprogramm zu gestalten und sich auf genau diejenigen Bereiche und Themen zu fokussieren, die für ihn am wichtigsten sind.

Es gibt auch einfachere Wege, um Inhalte dynamisch anpassbar zu gestalten. Die Erfahrung wird dadurch nicht nur effizienter, sondern auch motivierender. Ansätze wie Scaffolding und Differenzierung spielen dabei eine zentrale Rolle. Sie machen deutlich, wie Lernprozesse nicht nur für die Lernenden, sondern auch für Unternehmen und Organisationen bereichernd gestaltet werden können. Und damit sind wir bei den Vorteilen 3 und 4 angelangt.

Vorteil 3: Mit Scaffolding Hilfe zur Selbsthilfe bieten

Scaffolding – ein Begriff, der ursprünglich aus der Entwicklungspsychologie stammt – beschreibt den Prozess, Lernende gezielt zu unterstützen, bis sie Inhalte eigenständig bewältigen können. Der Begriff bedeutet wörtlich »Baugerüst« und trifft bereits genau den Kern dieses Ansatzes: Zu Beginn des Lernprozesses wird ein unterstützendes

Gerüst bereitgestellt, das Schritt für Schritt abgebaut wird, während die Lernenden sicherer und selbstständiger werden. Ziel ist es, die eigene Kompetenz so aufzubauen, dass die Hilfestellung irgendwann nicht mehr benötigt wird.

Die didaktischen Grundlagen des Scaffolding sind tief in der Theorie des »Zone of Proximal Development« von Lev Vygotsky[2] verwurzelt. Diese Theorie beschreibt den Bereich zwischen dem, was Lernende bereits eigenständig bewältigen können, und dem, was mit Unterstützung möglich ist. Scaffolding zielt darauf ab, genau diese Zone zu nutzen: Durch gezielte Hilfestellungen wird die Lücke zwischen aktuellen Fähigkeiten und Lernzielen geschlossen. Dabei ist entscheidend, dass die Unterstützung dynamisch an die Lernfortschritte angepasst wird, um den Übergang zur Selbstständigkeit zu fördern. Ein Kerngedanke bildet hier der »konstruktivistische Lernansatz«. Dieser geht davon aus, dass Lernende aktiv an der Konstruktion ihres Wissens beteiligt sind. Die Rolle der Lehrenden oder der digitalen Plattform besteht darin, die Lernprozesse zu moderieren und gezielte Impulse zu setzen. Dies unterscheidet Scaffolding von rein instruktionalen Ansätzen, bei denen Wissen frontal vermittelt wird. Stattdessen werden Lernende durch gezielte Unterstützung in die Lage versetzt, selbstständig zu entdecken, zu reflektieren und anzuwenden.

Im E-Learning zeigt sich Scaffolding auf vielfältige Weise: Zu Beginn eines Moduls könnten etwa interaktive Erklärungen oder unterstützende Hinweise angeboten werden, die später durch eigenständige Aufgaben ersetzt werden. Ein Beispiel: In einer technischen Schulung könnte eine Simulation zunächst mit Schritt-für-Schritt-Anweisungen starten. Im weiteren Verlauf werden die Anleitungen dann reduziert, bis die Lernenden die Aufgabe eigenständig bewältigen können.

Scaffolding ist dabei nicht nur eine didaktische Technik, sondern auch ein Weg, die Motivation der Lernenden zu steigern.

Wer erlebt, wie sich durch gezielte Unterstützung schrittweise Fortschritte einstellen, fühlt sich ermutigt, weiterzumachen. Das Gerüst dient also nicht nur der Wissensvermittlung, sondern fungiert auch als Stütze für das Selbstvertrauen der Lernenden. Dadurch ist es ein Ansatz, der sich besonders für Grundlagenschulungen zu neuen Themen empfiehlt. Besonders in der beruflichen Weiterbildung erweist sich Scaffolding als wertvoll, da die Lernenden häufig unterschiedliche Vorkenntnisse mitbringen. Es ermöglicht, alle auf ihrem individuellen Niveau abzuholen und sie schrittweise zu einem gemeinsamen Ziel zu führen. Wer schon früh ohne Stütze auskommt, muss diese nicht wahrnehmen; und Lernende mit weniger Vorerfahrung nutzen zunächst grundlegende Tutorials.

Scaffolding fördert zudem die Eigenständigkeit der Lernenden. Indem die Unterstützung allmählich reduziert wird, lernen die Teilnehmenden, selbst Lösungen zu entwickeln und sich sicher im Thema zu bewegen. Dies hat auch langfristig positive Effekte: Wissen, das eigenständig erarbeitet wurde, bleibt besser im Gedächtnis und lässt sich leichter auf neue Situationen übertragen. Das Baugerüst ist also ein zentrales Element für die Personalisierung des Lernens. Es bietet eine strukturierte, flexible Herangehensweise, die nicht nur Inhalte vermittelt, sondern auch die Lernenden in ihrer Eigenverantwortung stärkt. Damit wird es zu einer wertvollen, aber sehr effektiven Strategie für Onlineschulungen.

Best Practice Checkliste zum Scaffolding	
❑	***Passende Hilfestellungen bereitstellen:*** **Anleitungen, Beispiele oder Hinweise gezielt platzieren**
❑	***Komplexität stufenweise steigern:*** **Aufgaben so gestalten, dass Lernende Schritt für Schritt eigenständiger arbeiten können**

- ❑ *Interaktion fördern:* **Fragen, Diskussionen und Reflexionsphasen einbauen, um aktives Lernen zu unterstützen**
- ❑ *Unterstützung abbauen:* **Hilfen schrittweise zurücknehmen, wenn die Lernenden Fortschritte machen**
- ❑ *Feedback geben:* **Präzise Rückmeldungen zum selbstständigen Vorgehen liefern**

Vorteil 4: Mit Differenzierung zu einem guten E-Learning-Design

Damit Lernangebote im E-Learning angenommen und genutzt werden, sind ein geeignetes Produkt und die passende Art und Weise, wie die Inhalte präsentiert werden, Voraussetzung. Aber auch die Bereitschaft der Lernenden, aktiv daran teilzunehmen, sollte vorhanden sein. Effektives Lernen setzt immer voraus, dass Lernende das Angebot nicht nur wahrnehmen, sondern auch mit der nötigen Motivation und Disziplin verfolgen. Ein Kurs kann noch so gut strukturiert sein oder auf die individuellen Bedürfnisse der Lernenden abgestimmt werden: Ohne die Bereitschaft der Teilnehmenden, sich mit den Inhalten auseinanderzusetzen und selbstständig zu lernen, bleibt der Erfolg aus.

Der Erfolg von Lernangeboten besteht unserer Erfahrung nach zu 50 Prozent aus der Qualität und der Gestaltung des Lehrangebots und zu weiteren 50 Prozent aus der Bereitschaft der Lernenden, dieses Angebot tatsächlich wahrzunehmen. Diese Bereitschaft wird durch verschiedene Faktoren beeinflusst, wie etwa die Relevanz des Lerninhalts, die persönliche Motivation der Lernenden oder die Unterstützung durch die Lernumgebung.

Ein gutes E-Learning-Design sollte diese Faktoren berücksichtigen, indem es nicht nur auf die individuellen Lernbedürfnisse eingeht, sondern auch die Lernenden aktiv in den Lernprozess einbezieht, beispielsweise durch interaktive Elemente oder motivierende Anreize. Neben internen Marketingmaßnahmen spielt hier insbesondere auch die empfundene Differenzierung eine große Rolle.

Gelernt wird, was als relevant empfunden wird – und dabei kann Differenzierung helfen. Die Differenzierung gehört daher zu den zentralen Prinzipien eines effektiven E-Learning-Designs. Sie zielt darauf ab, den unterschiedlichen Bedürfnissen, Interessen und Vorkenntnissen der Lernenden gerecht zu werden. Der wohl beste Weg wäre also, für jede Zielgruppe ein eigenes Training oder einen Lernpfad mit eigenen Formaten zu entwickeln – doch das ist in den seltensten Fällen realistisch und ressourcenschonend umsetzbar. Doch zum Glück bietet Differenzierung gerade im beruflichen Kontext die Möglichkeit, personalisierte Lernwege zu gestalten, ohne den organisatorischen Rahmen zu sprengen.

Differenzierung innerhalb eines Lernformats

Ein bewährter Ansatz ist die interne Differenzierung, bei der die Lernenden innerhalb desselben Lernformats zwischen verschiedenen Optionen wählen können. So können beispielsweise Web Based Trainings mit interaktiven Elementen wie optionalen Hotspots gestaltet werden, die es den Lernenden ermöglichen, gezielt Inhalte anzuwählen, die für sie relevant sind. Während jemand mit wenig Vorerfahrung grundlegende Erklärungen, Definitionen und Einstiegsinformationen abruft, kann eine andere Person mit mehr Fachkenntnissen direkt in die vertiefenden Themen einsteigen. Dadurch entsteht eine flexible Lernumgebung, die es allen Teilnehmenden erlaubt, effizient und zielgerichtet zu lernen. Alternativ könnten – je nach Vorkenntnissen – unterschiedliche Fallbeispiele angeboten werden, die je nach zuvor ausgewähltem Kenntnisstand andere Herausforderungen bieten.

Besonders Führungskräfte schätzen diesen Ansatz, da er den zeitsensiblen Wissenserwerb fördert. Statt lange lineare Module durchzuarbeiten, können sie sich gezielt auf die für sie wichtigen Inhalte konzentrieren. Dies spart nicht nur Zeit, sondern steigert überdies die Motivation und die Akzeptanz des Lernangebots. Differenzierung ist jedoch nicht nur auf Hotspots beschränkt. Für eine intensivere Unterscheidung der Inhalte können adaptive Aufgabenformate, unterschiedliche Schwierigkeitsgrade oder wählbare Medienformate – wie Videos, Podcasts oder schriftliche Erklärungen – eingesetzt werden. Dabei gilt es, stets eine Balance zu finden:

- Einerseits sollen die Lernenden die Freiheit haben, ihren Lernprozess selbst zu gestalten.
- Andererseits müssen sie durch eine klare Struktur und durchdachte Lernziele geführt werden.

Der gezielte Einsatz von Differenzierungsmaßnahmen kann somit maßgeblich dazu beitragen, Lernprozesse zu personalisieren und die Eigenverantwortung der Lernenden zu fördern.

Gleichzeitig wird durch die Flexibilität verhindert, dass ein »One-Size-Fits-All«-Ansatz frustrierend oder ineffektiv wirkt. Differenzierung ist für modernes und bedarfsgerechtes E-Learning nicht mehr zu ignorieren. Nicht umsonst werden die »Test Out«-Quizformate zu Beginn eines digitalen Lernmediums immer beliebter, um entweder das gesamte Training oder bestimmte Kapitel zu überspringen.

Checkliste: Interne Differenzierung

❑	*Interaktive Elemente:* zum Beispiel Hotspots nutzen, bei denen Lernende gezielt Inhalte auswählen können, die für sie relevant sind (etwa vertiefende Themen für Fortgeschrittene und Einsteigerinformationen für Anfänger)
❑	*Adaptive Aufgabenformate:* Aufgaben in unterschiedlichen Schwierigkeitsgraden anbieten, die sich an den Vorkenntnissen der Lernenden orientieren und deren Fortschritt berücksichtigen
❑	*Medienvielfalt:* verschiedene Medienformate zur Verfügung stellen (Videos, Podcasts, Texte), sodass Lernende das Format wählen können, das ihrem Lernstil entspricht
❑	*Fallbeispiele:* Fallbeispiele, die sich je nach Kenntnisstand der Lernenden anpassen (einfache Szenarien für Anfänger, komplexe für Fortgeschrittene)
❑	*Selbsttests oder »Test Out«-Quiz:* Lernenden optional ermöglichen, bestimmte Module oder Kapitel zu überspringen, wenn sie das notwendige Wissen bereits besitzen
❑	*Balance zwischen Flexibilität und Struktur:* Die Lernenden sollten Freiheiten in der Gestaltung des Lernprozesses haben, aber auch durch klare Lernziele und eine strukturierte Lernumgebung geführt werden
❑	*Zugänglichkeit und Benutzerfreundlichkeit:* darauf achten, dass die Differenzierungsmaßnahmen einfach zugänglich und intuitiv zu nutzen sind, ohne dass die Lernenden überfordert werden
❑	*Motivation der Lernenden:* Differenzierung sollte dazu beitragen, die Lernenden zu motivieren, indem sie ihre individuellen Interessen und Bedürfnisse anspricht

- ❑ *Transparente Lernziele:* **Klare und transparente Lernziele helfen, den Lernprozess trotz individueller Pfade zu fokussieren und die Lernenden zu einer erfolgreichen Auseinandersetzung mit den Inhalten zu führen**

Weitere Differenzierungsarten nutzen: Lernpfade – Step by Step

Lernpfade bieten den Lernenden die Möglichkeit, ihren Bildungsweg aktiv zu gestalten, indem sie aus verschiedenen Lernoptionen wählen, die auf ihre Interessen oder beruflichen Anforderungen zugeschnitten sind. In der Praxis bedeutet dies, dass Lernende innerhalb eines E-Learning-Programms entscheiden können, welche Themen oder Module sie vertiefen möchten, basierend auf ihren individuellen Zielen oder dem Bedarf ihres Arbeitsumfelds. Ein Beispiel aus der Praxis ist ein Onlinekurs im Bereich Projektmanagement, bei dem Lernende zwischen Pfaden wie »Agiles Projektmanagement« oder »Klassisches Projektmanagement« wählen können, je nachdem, in welchem Bereich sie sich weiterqualifizieren möchten. Diese Flexibilität fördert nicht nur das Engagement, sondern ermöglicht es den Lernenden auch, direkt an für sie relevante Inhalte anzuknüpfen.

Quelle: Adobe Stock #430706172/fotogestoeber

In der Praxis zeigt sich eine Lernpfadausrichtung nach bestehenden Kompetenzen, zum Beispiel bei Schulungen zu digitalen Tools. Hier wird im Vorfeld durch Anwendungsfragen erfragt, bei welchen Themen Schulungsbedarf besteht. Im Anschluss können Autorentools wie Articulate Storyline mit ein wenig Programmieraufwand automatisiert passende Inhalte je nach Bedarf der jeweiligen Lernenden empfehlen. Jedoch stellt sich bei der Fülle an Lernoptionen häufig die Frage, welche Kriterien Sie für die Lernpfad-Auswahl festlegen sollten, wie viele Pfade sie anbieten können und wie genau sich diese ressourcensparend umsetzen lassen.

TIPP-BOX

Besonders bei der ersten Umsetzung von Lernpfaden kann eine agenturseitige Beratung helfen, den maximalen Nutzen aus der Vielzahl an Lernmöglichkeiten zu ziehen und nicht in einer Überflutung von Optionen verloren zu gehen. Denn didaktisch Beratende können dabei helfen, Lernziele zu schärfen und Lernwege zu strukturieren, um ein effektives und zielgerichtetes Lernen zu gewährleisten.

Lernstände und Vorkenntnisse als Differenzierungskriterien

Die Berücksichtigung der Vorkenntnisse der Lernenden ist eine der effektivsten Methoden, um den Lernprozess zu differenzieren. In der Praxis bedeutet das, dass ein Kurs so strukturiert werden kann, dass Lernende, die bereits über gewisse Grundkenntnisse verfügen, sich auf fortgeschrittenere Themen konzentrieren, während andere sich zunächst mit den grundlegenden Inhalten auseinandersetzen.

Ein Beispiel ist ein technischer Onlinekurs im Bereich Softwareentwicklung, bei dem Lernende, die bereits Programmiererfahrung haben, direkt zu fortgeschrittenen Themen wie Algorithmen oder Datenstrukturen springen können, während Anfänger mit grundlegenden Tutorials zu Programmiersprachen wie Python beginnen. Die meisten Lernplattformen bieten die Möglichkeiten, Ihre Lernenden jeweiligen vorgegliederten Lernpfaden ohne großen Mehraufwand oder Kostenzuschlag zuzuteilen.

Da es jedoch oft schwierig ist, genau abzuschätzen, welcher Lernende über welche Vorkenntnisse verfügt, ist an dieser Stelle eine vorgeschaltete Zuteilung durch einen Vortest oder Selbsteinschätzung sinnvoll. Lernende könnten sich bei der Einschätzung ihrer eigenen Vorkenntnisse unsicher sein oder Schwierigkeiten haben, die richtigen Inhalte auszuwählen. Doch besonders in komplexeren Themenbereichen, wie etwa in Fachqualifizierungen oder spezialisierten Berufsausbildungen, ist eine präzise Abstimmung zwischen Vorkenntnissen und Lerninhalten notwendig. Hier sollten Sie sich nicht auf Selbsteinschätzungen verlassen, sondern eine Beratung durch Experten ins Auge fassen.

Personalisierte Feedbackoptionen

Personalisierte Feedbackoptionen tragen wesentlich zur Lernmotivation und -effizienz bei, indem sie die Lernenden auf ihre individuellen Leistungen und Fortschritte hinweisen. Anstatt standardisiertes Feedback zu geben, das für alle Lernenden gleich ist, sollten Rückmeldungen gezielt auf den Fortschritt und die Stärken oder Schwächen des einzelnen Lernenden eingehen. Dies könnte beispielsweise durch automatische Rückmeldungen in adaptiven Aufgabenformaten oder durch differenziertes Feedback in Prüfungen und Projekten erfolgen. Auf diese Weise erhalten Lernende konkrete Hinweise zur Weiterentwicklung und können ihre Lernstrategie gezielt anpassen.

Zugänglichkeit durch Anpassungen

Die Zugänglichkeit von Lerninhalten ist ein wichtiger Aspekt der Differenzierung, besonders im Hinblick auf Barrierefreiheit. Anpassungen wie veränderbare Schriftgrößen, kontrastreiche Farbschemata oder die Möglichkeit, Text-zu-Sprache-Funktionen zu nutzen, ermöglichen es Lernenden mit unterschiedlichen Bedürfnissen, am Lernprozess teilzunehmen. Diese Anpassungen tragen dazu bei, dass der Lernprozess für alle zugänglich wird, unabhängig von physischen oder kognitiven Einschränkungen. Eine benutzerfreundliche, anpassbare Lernumgebung fördert somit die Inklusion und sorgt dafür, dass niemand aufgrund individueller Bedürfnisse benachteiligt wird.

Vorteil 5: Mit Kosteneffizienz und Ressourcenschonung Wirtschaftlichkeit optimieren

E-Learning stellt eine besonders effiziente und wirtschaftliche Lösung zur Schulung und Weiterbildung einer Großzahl an Mitarbeitenden und Personen dar. Einer der größten finanziellen Vorteile liegt in der Reduzierung der Reisekosten und des organisatorischen Aufwands, die bei traditionellen Präsenzveranstaltungen entstehen. Besonders bei international tätigen Unternehmen oder großen, dezentral organisierten Teams kommt dabei oft eine beachtliche Summe zusammen. Die Kosten für externe Dienstleister oder teure Veranstaltungsorte entfallen ebenfalls – oder fallen bei der Arbeit mit einer E-Learning Agentur nur einmalig an.

Vorteil 6: (Auch) Mit Skalierbarkeit Kosten sparen

Ein weiterer Vorteil von E-Learning ist die hohe Skalierbarkeit. Ein digitales Lernangebot kann mit minimalem Aufwand einer nahezu unbegrenzten Anzahl von Mitarbeitenden zugänglich gemacht werden. In traditionellen Weiterbildungsformaten müssen für jedes Seminar, das für eine größere Gruppe von Mitarbeitenden organisiert wird, in der Regel neues Personal, zusätzliche Räume, Verpflegung und Materialien eingeplant werden. Bei E-Learning hingegen müssen diese Ressourcen nicht wiederholt aufgebracht werden: Ein einmal erstelltes Lernmodul kann unendlich viele Male verwendet werden, was die Kosten pro Lernenden drastisch reduziert.

Für Unternehmen oder Organisationen, die regelmäßig Schulungen durchführen, kann durch die hohe Skalierbarkeit beim Lernen mit E-Learning nicht nur eine hohe Flexibilität, sondern auch eine weitere signifikante Kostenersparnis erzielt werden.

Hierzu kommt aufseiten der Mitarbeitenden die Zeitersparnis, da Reisezeiten entfallen. Zusätzlich sind digitale Formate oft so vorgefiltert, dass auch die reine Schulungsdauer kürzer ausfällt.

Vorteil 7: Mit Aktualisierungen Zeit sparen

E-Learning ermöglicht eine einfache Aktualisierung von Lerninhalten. In vielen Bereichen, besonders in stark regulierten Branchen oder bei sich ständig verändernden Technologien, müssen Schulungsunterlagen regelmäßig angepasst und auf den neuesten Stand gebracht werden. In einem traditionellen Schulungsformat, wie etwa bei Präsenzseminaren oder den Aufzeichnungen solcher Seminare, ist die Aktualisierung von Materialien mit erheblichen Kosten und Aufwand verbunden – neue Druckversionen müssen erstellt und verteilt werden, und auch der Aufwand für die Neuorganisation von Veranstaltungen steigt. Bei digitalen Lerninhalten ist es hingegen wesentlich einfacher und günstiger, Änderungen vorzunehmen: Ein digitales Dokument oder ein Onlinemodul kann in der Regel innerhalb kürzester Zeit aktualisiert werden. Hinzu kommt: Die neuen Inhalte lassen sich sofort für alle Teilnehmenden zugänglich machen.

Wenn im Vorfeld bereits klar ist, dass gewisse Themen änderungsanfällig sind, sollten Sie diese Themen zum Beispiel nur schriftlich in betreffenden Lernformaten festhalten, um die Änderungen zukünftig noch leichter durchführen zu können.

Unternehmen profitieren nicht zuletzt auch von der Zeitersparnis, die E-Learning ermöglicht. Klassische Präsenzseminare erfordern eine feste Terminplanung, wobei Mitarbeitende möglicherweise von ihrer regulären Arbeit abgezogen werden müssen. E-Learning-Kurse hingegen sind oft asynchron, was bedeutet, dass Mitarbeitende selbst bestimmen können, wann und wie viel sie lernen. Dies führt nicht nur zu einer besseren Integration von Weiterbildung in den Arbeitsalltag, sondern reduziert auch die produktivitätshemmende Abwesenheit von den Arbeitsplätzen. Zudem ermöglicht E-Learning den Mitarbeitenden, in ihrem eigenen Tempo zu lernen, was zu einer höheren Lerngeschwindigkeit und besserem Verständnis führt, ohne den Druck eines festen Zeitrahmens.

TIPP-BOX

- **E-Learning bietet Ihnen eine kosteneffiziente, flexible und skalierbare Möglichkeit, Ihre Lernenden kontinuierlich weiterzubilden.**
- **Die hohe Wiederverwendbarkeit von Lerninhalten, die einfachen Aktualisierungsmöglichkeiten und die Reduktion zusätzlicher Kosten für Reisen, Trainierende und Materialien machen E-Learning zu einer besonders attraktiven Option für Unternehmen, die eine langfristig nachhaltige und ressourcenschonende Weiterbildungslösung suchen.**
- **Vor allem für Unternehmen, die große Mitarbeitergruppen in verschiedenen Regionen schulen müssen oder ein begrenztes Weiterbildungsbudget haben, stellt E-Learning darum eine zukunftsfähige, wirtschaftliche Alternative zu traditionellen Präsenzveranstaltungen dar.**

▶ QUICKREADER:
Das Wichtigste dieses Kapitels im raschen Überblick

- **Ein wichtiger Nutzen des E-Learnings ist das flexible Lernen nach eigenem Zeitplan, im eigenen Tempo und an dem Ort, den der Lernende sich wünscht. Er kann immer und überall lernen. Damit die Vorteile von allen Lernenden genutzt werden können, ist es notwendig, die Kurse barrierefrei zu gestalten.**
- **Ein weiterer Vorteil bietet die Personalisierung: Die Inhalte, Aufgaben und Lernpfade werden personalisiert und auf den einzelnen Lernenden bezogen und auf ihn abgestimmt. So kann er sich auf die für ihn relevanten Bereiche und Themen konzentrieren.**
- **Mit Scaffolding ist ein das Lernen unterstützendes Gerüst gemeint, das schließlich Schritt für Schritt abgebaut wird, während die Lernenden immer selbstständiger und eigenverantwortlicher agieren.**
- **Die Möglichkeit der Differenzierung gehört zu den elementaren Prinzipien eines effektiven E-Learning-Designs. Differenzierung zielt darauf ab, den unterschiedlichen Bedürfnissen, Interessen und Vorkenntnissen der Lernenden gerecht zu werden.**
- **E-Learning erlaubt Kosten- und Zeitersparnisse auf gleich mehreren Ebenen.**

KAPITEL 5

Hindernisse und Stolpersteine souverän überwinden

Der Entschluss, E-Learning einzuführen, ist nur der erste Schritt. Hinter den digitalen Angeboten steckt eine technische Infrastruktur, die gut durchdacht sein muss. Typische Herausforderungen sind unter anderem leistungsfähige Server, stabile Netzwerke und die reibungslose Anbindung an bestehende Systeme wie Personalverwaltungssoftware oder interne Plattformen. Für die Nutzerseite spielt insbesondere die Kompatibilität mit unterschiedlichen Geräten eine große Rolle, und – mindestens genauso wichtig – auch die Gewährleistung der Datensicherheit. Zugleich ist die Leistungsfähigkeit der Endgeräte relevant: Obwohl viele Menschen Smartphones, Tablets und Laptops besitzen, variieren deren Leistungsvermögen und Softwarestände stark, was zu Problemen führen kann.

Zudem betrachten wir in diesem Kapitel die technischen Stolpersteine, die bei der Einführung von E-Learning auftreten können. Wir beleuchten sowohl die Anforderungen an die Plattformen selbst als auch die technischen Voraussetzungen aufseiten der Nutzenden. Dabei wird deutlich, warum eine durchdachte Planung, eine strukturierte Umsetzung und ein guter Support entscheidend sind, um digitale Lernangebote dauerhaft erfolgreich zu etablieren.

Technische Herausforderungen und Lösungswege bei den E-Learning-Plattformen

Die E-Learning-Plattform ist das Herzstück jeder digitalen Lernumgebung. Hier findet die Verwaltung der Kurse statt, hier werden Lerninhalte bereitgestellt und Nutzerkonten verwaltet. Eine gut durchdachte Plattform bietet Interaktivität, Zuverlässigkeit und Sicherheit. Doch um dorthin zu gelangen, müssen unterschiedliche technische Anforderungen berücksichtigt werden.

Herausforderung 1: Skalierbarkeit und Performance

Eine der größten Herausforderungen bei der Einführung von E-Learning-Plattformen sind unzureichende oder veraltete Infrastrukturen. So mancher nennt diese liebevoll »organisch gewachsen« – dabei sind sie aber eben doch oft auch mittlerweile schief und krumm wie alte Bäume. Hierzu zählen sowohl die physische Hardware wie Server und Netzwerkgeräte als auch die Softwarelandschaft, die für den Betrieb der Plattform benötigt werden. Viele Bildungseinrichtungen und Unternehmen nutzen noch alte Serverstrukturen, die für den hohen Datenverkehr und die gleichzeitigen Zugriffe hunderter oder gar tausender User nicht ausgelegt sind. Auch ist in manchen Industrieregionen die Internetverbindung selbst noch immer lückenhaft oder zu instabil, um für einen reibungslosen Ablauf von Onlinelehrveranstaltungen zu sorgen.

Infrastrukturelle Probleme zeigen sich häufig erst in der Praxis: Sie kennen das vielleicht noch von den älteren Internetleitung im Haushalt: Wenn viele Nutzer gleichzeitig auf Inhalte im Internet zugreifen, steigt die Serverlast dramatisch, und der Datenfluss stockt für alle.

Nur dass es bei E-Learning-Formaten eben um Videostreams oder interaktive Übungen geht und nicht um die YouTube-Katzenvideos. Bei fehlender Skalierbarkeit einer E-Learning-Plattform können dann Ladezeiten stark zunehmen oder die Plattform kann sogar vorübergehend ausfallen. Langsame Reaktionszeiten und plötzliche Serverabstürze führen zu Frustration bei den Lernenden und beeinträchtigen den Lernfortschritt.

Ein weiteres Beispiel sind Live-Webinare oder Onlineprüfungen. Besonders kritisch wird es, wenn alle gleichzeitig Antworten absenden oder auf zentrale Inhalte zugreifen. Für diese Probleme gibt es die folgenden Lösungswege:

- **Skalierbare Serverlandschaft:** Eine Kombination aus physischer und virtueller Infrastruktur (etwa Cloud Computing) kann sicherstellen, dass die Plattform kurzfristig auf Lastspitzen reagieren kann.
- **Cloud-Architekturen:** Anbieter wie Amazon Web Services (AWS), Microsoft Azure oder Google Cloud ermöglichen es, Serverressourcen dynamisch zuzuweisen und nur bei tatsächlichem Bedarf die Kapazitäten zu erhöhen.
- **Redundante Netzwerkverbindungen:** Durch den Einsatz mehrerer Internetleitungen oder sogenannte Load Balancer kann sichergestellt werden, dass bei Ausfällen oder Engpässen eine Ausweichmöglichkeit besteht.
- **Regelmäßige Wartung und Monitoring:** Durch die ständige Überwachung der Infrastruktur werden Engpässe frühzeitig erkannt, Optimierungen können rechtzeitig vorgenommen werden.
- **Lastverteilung mittels CDNs:** Content Delivery Networks verteilen statische Inhalte (zum Beispiel Videos, Bilder) auf verschiedene Serverstandorte weltweit, um Latenzzeiten zu minimieren.
- **Datenbankoptimierung und Caching:** Durch den Einsatz effizienter

Datenbanksysteme und das Zwischenspeichern häufig genutzter Inhalte lassen sich Performanceengpässe reduzieren.

- **Lasttests und Monitoring:** Regelmäßige Belastungstests helfen dabei, Schwachstellen zu finden, bevor sie im Realbetrieb auftreten.

TIPP-BOX

Analysieren Sie zunächst Ihr Engpassproblem im Bereich der Infrastruktur und entscheiden Sie sich dann für einen angemessenen Lösungsweg.

Herausforderung 2: Kompatibilität und Interoperabilität

Wie bereits erläutert, sind E-Learning-Plattformen selten als eigenständige Systeme zu betrachten, sondern werden meist in bestehende IT-Strukturen integriert. Im Rahmen der Einrichtung von E-Learning gilt es daher, potenzielle Hürden zu identifizieren, die den reibungslosen Datenaustausch zwischen unterschiedlichen Systemen erschweren könnten. Dabei stehen beispielsweise Personalinformationssysteme oder spezialisierte Datenbanken für Lernanalysen im Vordergrund. Damit Informationen wie Kursanmeldungen, Zertifikate oder Leistungsnachweise ohne Komplikationen zwischen den Systemen fließen, muss die Plattform über offene Schnittstellen verfügen und gängige Integrationsstandards unterstützen.

Standards wie SCORM, xAPI oder LTI helfen dabei, eine systemübergreifende Nutzung von Lerninhalten und eine präzise Erfassung von Nutzeraktivitäten zu ermöglichen. In der Praxis gestaltet sich die Implementierung dieser Standards jedoch häufig als komplex. Unterschiedliche Versionen und plattformspezifische Eigenheiten können den Datenaustausch behindern. Zudem können proprietäre Schnittstellen, die auf bestimmte Programmiersprachen oder Bibliotheken festgelegt sind, zusätzliche Herausforderungen mit sich bringen. Wird zudem der Anbindung externer Dienste wie Webinar-Plattformen oder Cloud-Speichern Rechnung getragen, entstehen weitere technische Anforderungen.

TIPP-BOX

Prüfen Sie darum bereits im Vorfeld, wie Ihre E-Learning-Plattform optimal in die bestehende IT-Landschaft eingebunden werden kann. So vermeiden Sie spätere Integrationsprobleme und technische Komplikationen.

Und dann wählen Sie einen dieser Lösungswege:

- **Nutzung offener Standards:** SCORM, xAPI und LTI sind weit verbreitet und erhöhen die Wahrscheinlichkeit, dass Inhalte und Systeme untereinander kompatibel sind.
- **API-first-Ansatz:** Eine modern konzipierte E-Learning-Plattform sollte eine offene Programmierschnittstelle bieten, über die verschiedene Dienste Daten austauschen können.
- **Regelmäßige Updates und Kompatibilitätstests:** Nur so lässt sich sicherstellen, dass neue Versionen oder Patches von Drittanbietern problemlos eingebunden werden können.
- **Migrationsstrategie für Legacy-Systeme:** Wenn ältere Systeme abgelöst oder integriert werden müssen, sollte dies Schritt für Schritt erfolgen, um Datenverluste zu vermeiden – und bestenfalls schon angedacht werden, bevor es höchste Eisenbahn ist.

Herausforderung 3: Benutzerfreundlichkeit

Die Usability einer E-Learning-Plattform hat einen enormen Einfluss darauf, wie gut sie von Lehrenden und Lernenden angenommen wird.

Selbst eine sehr ausgeklügelte technische Lösung ist wenig hilfreich, wenn die Nutzenden nicht wissen, wie sie bestimmte Funktionen nutzen oder wo sie die benötigten Inhalte finden. Komplizierte Navigationsstrukturen, zu viele Untermenüs oder überladene Dashboards führen schnell zu Verwirrung und Frustration. Besonders weniger technikaffine Nutzergruppen könnten durch eine unübersichtliche Oberfläche abgeschreckt und entmutigt werden. Benutzerfreundlichkeit umfasst jedoch mehr als nur das Design der Oberfläche:

Auch die Performance der Plattform und die Verständlichkeit von Fehlermeldungen tragen entscheidend zum Nutzererlebnis bei.

Eine gut strukturierte Benutzeroberfläche (UI) sowie eine durchdachte Nutzererfahrung (UX) haben erwiesenermaßen positive Auswirkungen auf die Lernmotivation. Wenn die Nutzer sich nicht mit der Technik beschäftigen müssen, sondern sich voll und ganz auf die Lerninhalte konzentrieren können, steigert dies die Effektivität des gesamten Lernprozesses.

Auch hier gibt es wieder mehrere Lösungswege:

- **Intuitive Navigation und Reduktion von Komplexität:** Wichtige Funktionen sollten sich mit wenigen Klicks erreichen lassen.
- **Nutzerzentrierte Entwicklung:** Wichtig ist das regelmäßige Einholen von Feedback aus Pilotgruppen, um die Oberfläche weiter verfeinern zu können.
- **Ansprechende Gestaltung:** Farben, Schriftarten und Layout sollten einladend sein, ohne von den eigentlichen Lerninhalten abzulenken.
- **Konsistente Nutzererfahrungen:** Durch ein einheitliches Design und ein konsequentes Wording für Buttons und Menüs lassen sich Verwirrungen vermeiden.

Herausforderung 4: Technischer Support

Ohne einen angemessenen technischen Support können viele Probleme entweder unentdeckt oder ungelöst bleiben. Besonders bei komplexen E-Learning-Plattformen oder solchen, die regelmäßig Updates erhalten, ist es wichtig, dass die Nutzer eine zuverlässige Anlaufstelle für ihre Fragen haben. Dies wird besonders deutlich in größeren Organisationen, in denen Hunderte von Lehrkräften und Tausende von Studierenden gleichzeitig auf das System zugreifen.

Der technische Support kann in verschiedenen Formen angeboten werden: Ein internes Team, das sich um Wartung, Fehlerbehebung und Support kümmert, oder ein externer Dienstleister, der zusätzliche Dienstleistungen wie Schulungen oder eine Hotline bereitstellt. Darüber hinaus können Self-Service-Angebote wie FAQs, Video-Tutorials oder Onlinehandbücher eine wertvolle Unterstützung sein, um den Nutzern zu ermöglichen, Probleme selbstständig zu lösen, ohne auf direkte Hilfe angewiesen zu sein. Lassen Sie uns auch hier die möglichen Lösungswege anschauen:

- **Mehrstufiges Supportsystem:** Gemeint sind First-Level-Support für einfache Fragen, Second-Level-Support für komplexere technische Anliegen, Third-Level-Support (oft vom Softwarehersteller) für hochkomplexe Probleme.
- **Ticketing-Systeme:** Eine klare Dokumentation von Anfragen und deren Bearbeitung beschleunigt die Lösung und vermeidet Doppelarbeit.
- **Stetige Weiterbildungen:** Das Supportpersonal sollte kontinuierlich geschult werden, um immer auf dem neuesten Stand der Technik zu sein.
- **Integration von Chatbots:** Diese können einfache Anfragen automatisiert beantworten und so das menschliche Supportteam entlasten.

Technische Herausforderungen und Lösungswege bei den Endgeräten

Nicht nur die Plattform selbst, sondern auch die Geräte, mit denen auf das E-Learning-Angebot zugegriffen wird, können zum Engpass werden. Da Lernende oft private Geräte in verschiedensten Konfigurationen nutzen, muss eine E-Learning-Lösung möglichst breit aufgestellt sein.

Herausforderung 1: Unterschiedliche Hardware und Betriebssysteme

Sofern manche User High-End-Geräte mit den neuesten Prozessoren und reichlich Arbeitsspeicher nutzen, arbeiten andere möglicherweise auf älteren Laptops oder preisgünstigen Tablets mit eingeschränkter Leistungsfähigkeit. Hinzu kommt eine Vielzahl von Betriebssystemen – von Windows über macOS bis hin zu Linux, Android und iOS. Diese Vielfalt macht es schwierig, eine einheitliche Lernplattform zur Verfügung zu stellen, die auf allen Geräten optimal funktioniert. Selbst wenn eine Plattform grundsätzlich mit allen gängigen Systemen kompatibel ist, können kleine Unterschiede in den Browserversionen oder Betriebsumgebungen für unerwartete Fehlermeldungen sorgen. Aber selbstverständlich gibt es auch hier Lösungswege:

- **Nutzen Sie plattformunabhängige Technologien:** Moderne Webstandards (HTML5, JavaScript, CSS3) sorgen dafür, dass die Inhalte in allen gängigen Browsern laufen.
- **Kommunizieren Sie die Mindestanforderungen:** Organisationen können den Lernenden frühzeitig mitteilen, welche Hard- und Software benötigt wird, um reibungslos teilnehmen zu können.
- **Führen Sie regelmäßige Kompatibilitätsprüfungen durch:** Updates von Betriebssystemen oder Browsern sollten getestet werden, um sicherzustellen, dass keine neuen Probleme auftreten.

Herausforderung 2: Leistungsschwache oder veraltete Geräte

Nicht jede Person kann sich jährlich das neueste Smartphone oder alle paar Jahre einen neuen Laptop leisten. Gerade in finanziell schwächeren Regionen oder bei großen Teilnehmendenzahlen (wie in staatlichen Bildungseinrichtungen) ist es üblich, dass viele Lernende auf älteren Geräten arbeiten. E-Learning-Anwendungen, die hohe Anforderungen an Prozessor und Speicher stellen, lassen sich auf solchen Geräten kaum nutzen. Zudem können veraltete Betriebssysteme Sicherheitslücken aufweisen oder bestimmte Formate nicht mehr unterstützen. Das führt nicht nur zu schlechter Nutzbarkeit, sondern gegebenenfalls auch zu Datenschutzrisiken, wenn Sicherheitsupdates fehlen. Nutzen Sie darum diese Lösungswege:

- **Ressourcenschonende Programmierung:** Eine Plattform, die auf unnötig umfangreiche Animationen oder Datenmengen verzichtet, läuft auch auf älteren Geräten flüssiger.
- **Anpassungsfähige Medienformate:** Anstatt nur hochauflösende Videos anzubieten, sollten Komprimierungsoptionen existieren, die auch bei geringerer Bandbreite abspielbar sind.

Herausforderung 3: Netzwerk- und Internetprobleme

Selbst bei modernen Geräten kann es zu massiven Einschränkungen kommen, wenn die Internetverbindung langsam oder unzuverlässig ist. In ländlichen Regionen oder Entwicklungsländern ist Breitbandinternet oft nicht selbstverständlich. Auch innerhalb einer Stadt kann es zu Kapazitätsengpässen kommen, wenn viele Menschen gleichzeitig online sind.

Für E-Learning ist eine stabile Verbindung jedoch essenziell, vor allem wenn interaktive Formate (etwa Live-Webinare) zum Einsatz kommen. Unterbrechungen führen zu Abbrüchen, verpassten Informationen und einer deutlich eingeschränkten Lernerfahrung. Insbesondere Video-Streaming und Virtual-Reality-Anwendungen benötigen hohe Datenraten. Potenzielle Lösungswege sind dann:

- **Adaptives Streaming:** Moderne Video-Plattformen passen die Qualität der Videowiedergabe automatisch an die verfügbare Bandbreite an. Integrierte Videos in statischen Trainings können das meistens nicht.
- **Kleine Datenpakete:** Anstatt komplette Kursmodule auf einmal zu laden, können Inhalte modular gestreamt oder heruntergeladen werden.
- **Lokale Caching-Server:** Große Organisationen können »Server im Intranet« bereitstellen, damit die Daten nicht immer von entfernten Rechenzentren geladen werden müssen.

Herausforderung 4: Software- und App-Kompatibilität

Oftmals werden E-Learning-Kurse über bestimmte Plattform-Apps oder zusätzliche Softwaretools bereitgestellt. Eine installierbare App kann durchaus Vorteile haben, etwa im Offline-Modus oder bei erweiterten Funktionen. Doch nicht alle Nutzenden verfügen über ausreichenden Speicherplatz oder die Erlaubnis, Software zu installieren (etwa auf Firmenrechnern). Auch Kompatibilitätsprobleme, etwa mit älteren Android-Versionen, können auftreten. Ebenso können Firewalls oder Sicherheitsrichtlinien in Firmennetzwerken oder öffentlichen WLANs verhindern, dass bestimmte Ports oder Protokolle genutzt werden. Das kann etwa Videokonferenz- oder Dateitransfer-Funktionen einschränken. Prüfen Sie, welche Lösungswege für Sie möglich sind:

- **Browserbasierte Lösungen bevorzugen:** Eine gut optimierte Webanwendung ist meistens am besten einsetzbar.
- **Leichtgewichtige Apps:** Wenn eigene Apps angeboten werden,

sollten sie möglichst wenig Platz beanspruchen und auf wichtige Kernfunktionen reduziert sein.

- **Klare Installations- und Updatehinweise:** Nutzende brauchen verständliche Anleitungen, wie sie eine App installieren oder aktualisieren können.
- **Regelmäßige Austauschformate zwischen IT und Nutzenden:** Insbesondere in großen Unternehmen kann eine Abstimmung mit der IT-Abteilung sicherstellen, dass relevante Ports offen oder App-Installationen zulässig sind.

Herausforderung 5: Mangelnde technische Kompetenz der Nutzenden

Alle kennen ihn, und auch fast jede oder jeder haben ihn schon einmal selbst ausgelöst: den ERROR 40. Dieser »Fehler« besagt, dass das eigentliche technische Problem ungefähr 40 Zentimeter vor dem Monitor sitzt. Kurz gesagt: Digitale Kompetenzen sind in der Gesellschaft ungleich verteilt. Während manche sich mühelos in neue Software einarbeiten, fühlen sich andere schnell überfordert. Vor allem ältere Lernende oder Personen aus sozialen Milieus ohne Zugang zu den neuesten Technologien könnten von komplexen E-Learning-Umgebungen abgeschreckt werden.

Der Konflikt zwischen Digital Natives (also mit Technologie aufgewachsenen Menschen) und Digital Immigrants (Menschen, die erst spät im Leben Berührungspunkte mit fortgeschrittener Technologie hatten) ist eines der modernen Spannungsfelder, das es zu umschiffen gilt.

Auch Lehrkräfte sind davon betroffen: Wer seine gesamte Karriere mit analogen Methoden gelehrt hat, muss sich oft erst mühsam in digitale Didaktik und Technik hineinarbeiten. Fehlende Zeit und wenig Unterstützung durch die Bildungseinrichtung können diese Prozesse erschweren. Aufgrund der komplexen Thematik sollten Sie bei der Wahl der Lösungswege besonders umsichtig agieren:

- **Bieten Sie niederschwellige Einstiegshilfen:** Kurze Video-Tutorials, interaktive Einführungssequenzen oder Schritt-für-Schritt-Anleitungen können Berührungsängste abbauen.
- **Sorgen Sie für eine intuitive und klare Navigation:** Eine klare Farb- und Icon-Gestaltung hilft dabei, Verwirrungen zu vermeiden. So haben Interaktionsflächen immer die gleiche auffällige Farbe, Klickanweisungen stehen im Screen immer an derselben Stelle.
- **Etablieren Sie Mentorenprogramme:** Technikaffine Teilnehmende oder Dozenten können als »Digital Coaches« fungieren und den Einstieg erleichtern.
- **Gestalten Sie Übungsaufgaben ohne Leistungsdruck:** Erste Gehversuche mit der Plattform sollten ohne Bewertung sein, damit Lernende technische Fehler machen können, ohne negative Konsequenzen befürchten zu müssen.

Herausforderung 6: Datenschutz und Sicherheitsrisiken

Sicherheit ist nicht nur ein Thema auf Plattformseite. Auch die Endgeräte und das Nutzerverhalten können Risiken bergen. Beispielsweise kann das Speichern sensibler Lerninhalte oder Kommunikation auf privaten Geräten zu Datenschutzproblemen führen, wenn diese Geräte nicht ausreichend gesichert sind. Zusätzlich können Phishing-Angriffe oder Malware-Einschleusungen leichter Erfolg haben, wenn Nutzer wenig geschult im Umgang mit IT-Sicherheit sind.

Ein weiteres Risiko ist die Nutzung öffentlicher WLAN-Hotspots, etwa in Bibliotheken oder Cafés. Dort sind Datenströme unter Umständen leicht abzuhören, wenn keine verschlüsselte Verbindung genutzt wird. Darüber hinaus können manipulierte Geräte oder Netzwerke Zugriffe auf Passwörter und persönliche Daten ermöglichen – besonders problematisch ist das dann, wenn die Mitarbeitenden für alle Logins dasselbe Passwort benutzen. Welche Lösungswege gibt es hier?

- **Führen Sie Aufklärungskampagnen durch:** Regelmäßige Sensibilisierungsmaßnahmen (etwa E-Mails, Kurse, Poster) zum Thema IT-Sicherheit.
- **Erhöhen Sie die Gerätesicherheit:** Beispielsweise durch Passwortmanager, regelmäßige Updates und das Sperren des Bildschirms.
- **Sorgen Sie für sichere Kommunikationskanäle:** Plattformen sollten standardmäßig verschlüsselte Protokolle (HTTPS) nutzen und auf sichere Login-Verfahren setzen.
- **Stellen Sie Notfallpläne auf:** Gibt es einen Verdacht auf Datenklau oder System-Kompromittierung, muss eine Institution rasch reagieren können (zum Beispiel durch Passwortwechsel oder systemweite Sperren).

Fazit: Technische Fragen und Herausforderungen ganzheitlich betrachten

Bereits auf Plattformseite bedarf es einer stabilen, skalierbaren und benutzerfreundlichen Infrastruktur, die hohen Datenschutzanforderungen genügt. Hinzu kommen komplexe Fragen der Kompatibilität mit anderen Systemen und der effizienten Integration in bestehende IT-Landschaften. Ein sorgfältig geplanter und kontinuierlich optimierter Betrieb ist dabei entscheidend, um eine hohe Performance und zuverlässige Verfügbarkeit zu garantieren.

Gleichzeitig dürfen die Endgeräte der Nutzer nicht vernachlässigt werden. Unterschiedliche Hardwareausstattungen, Betriebssysteme und Softwarestände erfordern flexible und robuste Lösungen, die auch unter schwierigen Bedingungen funktionieren.

TIPP-BOX

Wer E-Learning betreibt, sollte sich bewusst sein, dass eine vielfältige Teilnehmergruppe nicht nur unterschiedliche Lernpräferenzen hat, sondern auch auf technisch sehr unterschiedliche Voraussetzungen trifft. Das bedeutet für Sie: Etablieren Sie eine möglichst barrierefreie Gestaltung des Angebots und ein umfassendes Support- und Schulungskonzept, um niemanden auszuschließen.

Insgesamt zeigt sich, dass E-Learning weit mehr ist als nur das digitale Pendant zum traditionellen Unterricht. Die Technik bildet den Rahmen, in dem Lernen stattfinden kann. Ist dieser Rahmen mangelhaft, leidet die Qualität des Lernangebots – selbst wenn die Inhalte fachlich hochwertig sind. Umgekehrt kann eine stabile, benutzerfreundliche und sichere Plattform in Kombination mit leistungsfähigen Endgeräten die Lernmotivation signifikant steigern. Sie ermöglicht neue Formen des selbstgesteuerten, interaktiven und kollaborativen Lernens, die im traditionellen Unterricht oft nur schwer umzusetzen sind. Wer eine erfolgreiche E-Learning-Strategie etablieren möchte, muss daher technische Fragen ganzheitlich betrachten. Von der Server-Infrastruktur über die Software-Architektur bis hin zu den Endgeräten der Nutzer existieren zahlreiche Stellschrauben. Erfolgreiche Umsetzungen werden in der Regel durch eine gründliche Planungsphase, ein iteratives Vorgehen mit Pilotprojekten und eine dauerhafte Weiterentwicklung gekennzeichnet.

TIPP-BOX

Investieren Sie nicht nur einmalig in die Plattform, sondern auch in langfristige Schulungen für Lehrpersonal und Lernende, fortlaufende Wartung und eine stetige Modernisierung der eingesetzten Technologien.

Letztendlich entscheiden sowohl die technische Robustheit als auch die Nutzerfreundlichkeit und das didaktische Konzept über den Erfolg von E-Learning. Eine stabile Plattform und leistungsfähige Endgeräte sind dabei wesentliche Voraussetzungen, aber sie ersetzen nicht die menschliche Komponente: Dozierende und Trainer müssen digitale Medien sinnvoll integrieren und Lernende motivieren. Nur so kann E-Learning zu einer nachhaltigen und begeisternden Alternative oder Ergänzung des konventionellen Unterrichts heranwachsen.

Anforderungen an Datenschutz und Datensicherheit

Datenschutz spielt eine herausragende Rolle, insbesondere wenn persönliche Daten von Lernenden verarbeitet werden. Sobald Informationen über Lernende gespeichert oder verarbeitet werden, gelten strenge gesetzliche Vorgaben. Die Abbildung zeigt die vier entscheidenden Anforderungen:

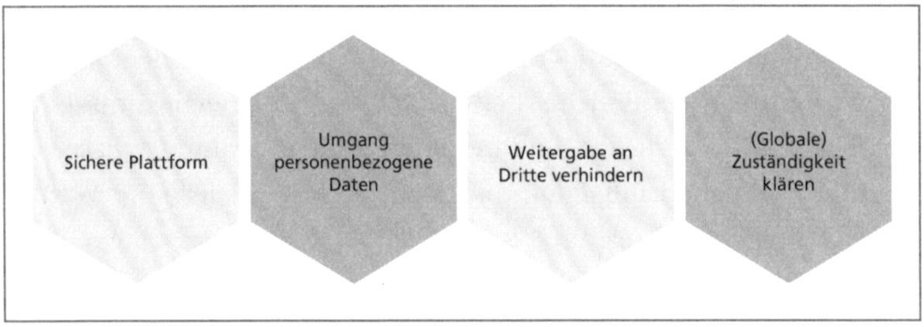

Anforderung 1: Datenschutz und Sicherheit in Lernplattformen professionalisieren

In Europa legt die Datenschutz-Grundverordnung genau fest, wie mit sensiblen Daten umzugehen ist, während in anderen Ländern ähnliche Regelungen existieren – beispielsweise der California Consumer Privacy Act in den USA. Wer diese Vorschriften missachtet, riskiert nicht nur hohe Strafen, sondern auch einen erheblichen Vertrauensverlust bei den Nutzenden, was den langfristigen Erfolg der Plattform gefährden kann.

Ebenso wichtig ist die IT-Sicherheit, denn E-Learning-Systeme sind ein attraktives Ziel für Cyberangriffe. Hacker versuchen beispielsweise, auf persönliche Daten zuzugreifen oder die Plattform durch gezielte Attacken außer Betrieb zu setzen. Zu den häufigsten Bedrohungen zählen DDoS-Angriffe, die das System mit massenhaften Anfragen überlasten, sowie das Einschleusen von Schadsoftware, die Daten manipulieren oder Zugänge blockieren kann. Um solche Risiken zu minimieren, sollten bereits bei der Planung einer Lernplattform wirksame Schutzmaßnahmen bedacht werden.

Dazu gehören verschlüsselte Datenübertragung, strenge Zugriffskontrollen und regelmäßige Sicherheitsupdates, um Schwachstellen frühzeitig zu erkennen und zu beheben.

Wer hier nachlässig vorgeht, setzt nicht nur die technische Infrastruktur aufs Spiel, sondern auch die Sicherheit und Vertraulichkeit der Lernenden. Besser ist es, diese Lösungswege einzuschlagen:

- **Verschlüsselte Verbindungen:** Einsatz von SSL / TLS-Zertifikaten für sämtliche Datenübertragungen
- **Mehr- / Zwei-Faktor-Authentifizierung:** Neben Nutzername und Passwort kann ein zusätzlicher Sicherheitsfaktor (zum Beispiel ein Einmal-Code auf dem Smartphone) eingeführt werden.

- **Regelmäßige Penetrationstests:** Sicherheitslücken werden durch professionelle Angriffe in einer Testumgebung aufgespürt und können rechtzeitig geschlossen werden.
- **Sicheres Berechtigungs- und Rollenmanagement:** Lehrende, Lernende und Administratoren sollten nur die Zugriffsrechte erhalten, die sie für ihre Aufgaben benötigen.
- **Transparente Datenschutzrichtlinien:** Die Nutzer sollten jederzeit darüber informiert sein, welche Daten zu welchem Zweck erhoben werden.

Anforderung 2: Angemessen mit personenbezogenen Daten umgehen

Lernende hinterlassen in digitalen Lernumgebungen eine Vielzahl von Informationen. Wer sich für einen Onlinekurs anmeldet oder eine Prüfung ablegt, lässt viele Brotkrumen fallen: Name, E-Mail-Adresse, Lernfortschritt, Testergebnisse – all diese Informationen sind notwendig, damit das System funktioniert. Gleichzeitig muss sichergestellt sein, dass diese Daten nicht unnötig lange gespeichert oder gar ohne Wissen der Betroffenen weitergegeben werden. Hier entsteht ein Spannungsfeld zwischen der technischen Notwendigkeit, Daten zu verarbeiten, und dem berechtigten Anspruch der Lernenden, ihre Privatsphäre zu wahren. Besonders herausfordernd ist dabei die Frage, wie transparent die Datennutzung gestaltet wird:

- Wer speichert welche Informationen?
- Wie lange werden sie aufbewahrt? Und zu welchem Zweck?

In der Theorie sollten diese Punkte klar kommuniziert werden, doch in der Praxis verstecken sich solche Hinweise oft tief in den allgemeinen Geschäftsbedingungen. Viele Lernende wissen daher nicht genau, welche Daten über sie erfasst und wie lange sie gespeichert werden – geschweige denn, ob sie eine Möglichkeit haben, ihre Daten löschen zu lassen. Hier sollte eigentlich das »Recht auf Vergessenwerden« greifen, welches in der DSGVO verankert ist. Nutzende sollen ihre personenbezogenen Daten auf Wunsch löschen lassen können. Doch genau das ist oft komplizierter, als es klingt. Gerade Prüfungsleistungen oder Kursabschlüsse müssen häufig über längere Zeiträume nachweisbar bleiben. Arbeitgeber, Universitäten oder andere Institutionen verlangen Aufbewahrungsfristen, die nicht immer klar geregelt sind. Das führt dazu, dass einige Plattformen Daten vorsorglich über Jahre hinweg speichern, während andere strenge Löschfristen setzen. In beiden Fällen fehlt es an einheitlichen Vorgaben, die den Betroffenen eine klare Orientierung geben.

Eine mögliche Lösung wäre, gespeicherte Daten nachträglich zu anonymisieren – doch auch das ist nicht so einfach. Viele Lernplattformen sind technisch nicht darauf ausgelegt, personenbezogene Informationen vollständig von den restlichen Daten zu trennen. Gerade dann, wenn Lernfortschritte und Prüfungsleistungen ausgewertet werden, bleibt oft ein indirekter Bezug zur Person erhalten. So kann es passieren, dass Daten länger bestehen bleiben, als es eigentlich nötig wäre, einfach weil das System keine andere Möglichkeit bietet. All diese Herausforderungen zeigen, dass Datenschutz im E-Learning nicht nur eine rechtliche Pflicht ist, sondern auch praktische Fragen aufwirft:

- Wie viel Datenspeicherung ist nötig, um ein gutes Lernerlebnis zu ermöglichen?
- Ab wann wird die Datenspeicherung zur Belastung für die Privatsphäre der Nutzenden?

Eine einfache Antwort gibt es darauf nicht – wohl aber die Verantwortung, hier eine sinnvolle Balance zu finden und zu prüfen, welche der folgenden Lösungswege tragfähig und umsetzbar sind:

- **Klare und verständliche Datenschutzinformationen:** Es ist notwendig, den Usern leicht zugängliche und verständlich formulierte Erklärungen zu bieten und darzulegen, inwiefern welche Daten gespeichert werden, wie lange sie aufbewahrt bleiben und wer darauf Zugriff hat.
- **Datenminimierung:** Es sollten nur die personenbezogenen Daten erhoben und gespeichert werden, die für den Lernprozess wirklich erforderlich sind. Optional kann die Möglichkeit geschaffen werden, auf bestimmte Datenverarbeitungen zu verzichten.
- **Eindeutige Aufbewahrungsrichtlinien:** Es braucht klare Regeln, wie lange Prüfungs- und Lerndaten gespeichert werden müssen. Dies sollte mit rechtlichen Vorgaben und den Interessen der Lernenden in Einklang gebracht werden.
- **Nutzerkontrolle über eigene Daten:** Lernende sollten selbst entscheiden können, ob und wann bestimmte Daten gelöscht werden, sofern keine gesetzlichen Aufbewahrungspflichten bestehen. Eine einfache Möglichkeit, Daten in den Einstellungen zu verwalten, erhöht das Vertrauen in die Plattform.
- **Technische Trennung von Identität und Leistungsdaten:** Durch den Einsatz pseudonymisierter IDs oder separater Datenbanken könnten Prüfungsleistungen und Lernstatistiken ohne direkten Bezug zur Person gespeichert werden.
- **Regelmäßige Datenschutz- und Sicherheitsaudits:** Unabhängige Prüfungen helfen dabei, Schwachstellen zu erkennen und die Datenschutzmaßnahmen kontinuierlich zu verbessern. Oft enthalten die Management Summarys auch schon Hinweise zu den nächsten nötigen Schritten.

Anforderung 3: Die Gefahr der Datenweitergabe an Dritte abwenden

Viele E-Learning-Plattformen nutzen externe Anbieter und Cloud-Dienste, um ihre Systeme zu betreiben oder bestimmte Funktionen wie Videokonferenzen oder Datenanalysen bereitzustellen. Doch dies bringt oft ungewollte Risiken mit sich, da Daten potenziell an Werbenetzwerke oder andere Drittparteien weitergegeben werden könnten. Besonders kritisch wird dies, wenn unbekannt bleibt, welche Daten gesammelt und wie sie genutzt werden.

Ein häufiger Fall in E-Learning-Plattformen ist das sogenannte Tracking durch externe Anbieter. Wenn beispielsweise Analyse-Tools oder Werbenetzwerke in die Plattform integriert sind, können diese tiefgehende Informationen über das Nutzerverhalten sammeln – von den Klicks und Verweildauern auf bestimmten Kursinhalten bis hin zu den persönlichen Vorlieben der Lernenden. Diese Daten werden möglicherweise nicht nur für die Verbesserung der Nutzererfahrung verwendet, sondern könnten auch an Werbetreibende oder andere Unternehmen weitergegeben werden, die daraufhin gezielt Werbung schalten.

Die Abhängigkeit von Drittanbietern ist generell ein kritischer Punkt: Besonders bei der Nutzung von großen Cloud-Diensten wie denen von Google, Microsoft oder Zoom sind die Plattformen den Richtlinien und Praktiken dieser Anbieter ausgeliefert. Auch wenn diese Unternehmen meist eine datenschutzfreundliche Politik verfolgen, sind die Nutzungsbedingungen oft unklar und lassen Raum für Interpretationen, wie und wo die Daten der Lernenden gespeichert oder weiterverwendet werden. Ein Problem entsteht nämlich dann, wenn Plattformen in Ländern außerhalb der EU gehostet werden, zum Beispiel in den USA. Auch wenn Anbieter wie Google oder Microsoft Datenschutzvereinbarungen anbieten, ist es aus datenschutzrechtlicher Sicht problematisch, dass Daten möglicherweise von ausländischen

Behörden eingesehen werden können – ein Umstand, der mit den strengen Anforderungen der DSGVO in Konflikt geraten kann.

Zu all diesen Herausforderungen kommt die unklare Vertragslage mit externen Anbietern. Oft fehlt es an klaren Regelungen, welche Daten gespeichert und zu welchem Zweck diese genutzt oder an Dritte weitergegeben werden. Wenn E-Learning-Verantwortliche diese Verträge nicht sorgfältig prüfen, laufen sie Gefahr, unbewusst die Datenschutzrechte ihrer Nutzer zu verletzen. Um dies zu verhindern, gibt es die folgenden Lösungswege:

- **Vertragliche Klarheit:** Dazu werden klare Datenschutzvereinbarungen mit externen Anbietern ausgemacht und gründlich geprüft.
- **Vertrauenswürdige Drittanbieter:** Wichtig ist die Auswahl von datenschutzfreundlichen Anbietern, die DSGVO-konform arbeiten und ausreichende Datenschutzgarantien bieten.
- **EU-Datenzentren:** Es geht um die Speicherung von Nutzerdaten in EU-Datenzentren, um den Anforderungen der DSGVO gerecht zu werden.
- **End-to-End-Verschlüsselung:** Es sollte sichergestellt sein, dass alle Datenübertragungen verschlüsselt sind, um den Zugriff durch Dritte zu verhindern.
- **Minimierung von Tracking:** Auch hier hilft der Verzicht auf unnötiges Tracking und transparente Kommunikation über gesammelte Daten und deren Verwendung.
- **Anonymisierung und Pseudonymisierung:** Verwenden Sie, wo Sie können, nur anonymisierte oder pseudonymisierte Daten.
- **Einwilligung der Nutzer:** Sorgen Sie für die Einholung der ausdrücklichen Zustimmung der Nutzer zur Datenweitergabe an Dritte und denken Sie daran, die eindeutig zugängliche Möglichkeit des Widerrufs zu gewährleisten.

Anforderung 4: Unklare Zuständigkeiten bei internationalen Plattformen und globalen Usern verhindern

Wenn eine E-Learning-Plattform global genutzt wird, ist es oft schwer nachzuvollziehen, wer global für den Datenschutz verantwortlich ist und welche lokalen rechtlichen Rahmenbedingungen zur Anwendung kommen. In solchen Fällen können Zuständigkeiten für Datenschutzfragen verschwimmen, da unterschiedliche Akteure – von den Plattformbetreibern über Drittanbieter bis hin zu Dienstleistern – in verschiedenen Rechtsräumen tätig sind.

Ein weiteres zentrales Problem sind die unterschiedlichen Datenschutzanforderungen in den einzelnen Ländern. Während in der EU die DSGVO strenge Vorgaben für den Umgang mit personenbezogenen Daten macht, existieren in anderen Regionen abweichende oder sogar weniger restriktive Datenschutzgesetze. In den USA etwa sind die Datenschutzbestimmungen oft weniger streng, was zu potenziellen Konflikten führen kann, wenn Daten aus der EU in ein Land übertragen werden, das nicht denselben Schutzlevel bietet.

Diese Unterschiede können dazu führen, dass E-Learning-Anbieter Schwierigkeiten haben, ihren Plattformen einen globalen Standard zu verleihen, der sowohl lokal als auch international den Datenschutzanforderungen gerecht wird.

Die Herausforderung, sich in diesem rechtlichen Dickicht zurechtzufinden, erfordert eine sorgfältige Planung und die Implementierung von Mechanismen, die sicherstellen, dass alle Nutzer – unabhängig von ihrem geografischen Standort – ausreichend geschützt sind und ihre Daten gemäß den jeweiligen Vorschriften verarbeitet werden. Dies gelingt, indem Sie diese Lösungswege einschlagen:

- **Definieren Sie eindeutige Verantwortlichkeiten:** Entscheidend ist die klare Regelung, welcher Anbieter oder welche Niederlassung für

Datenschutzfragen zuständig ist, insbesondere bei internationalen Plattformen.

- **Halten Sie regionale Datenschutzstandards ein:** Es geht zum Beispiel um die Anpassung der Plattform an länderspezifische Vorgaben wie DSGVO (EU), CCPA (Kalifornien) oder LGPD (Brasilien).
- **Sorgen Sie für die georedundante Datenspeicherung:** Dabei steht die Speicherung von Nutzerdaten in Rechenzentren innerhalb der jeweiligen Rechtsräume im Vordergrund, um Konflikte mit Datenschutzgesetzen zu vermeiden.
- **Nutzen Sie standardisierte Verträge:** Der Einsatz von Standardvertragsklauseln oder Binding Corporate Rules (BCRs) ist wichtig, um die Einhaltung internationaler Datenschutzvorgaben sicherzustellen.
- **Holen Sie eine rechtliche Beratung ein:** Zentral ist die Einbindung von Experten für internationales Datenschutzrecht, um Risiken frühzeitig zu erkennen und abzusichern.

Soziale und pädagogische Herausforderungen

E-Learning bietet viele Vorteile, kann jedoch auch soziale und pädagogische Herausforderungen mit sich bringen. Besonders in Unternehmen, in denen traditionell Präsenztrainings oder persönliche Schulungen dominieren, kann die Umstellung auf digitale Formate auf Widerstand stoßen. Manche Mitarbeitende fühlen sich unsicher im Umgang mit neuen Lernplattformen oder befürchten, dass der persönliche Austausch mit Kolleginnen, Kollegen und Coaches verloren geht.

Herausforderung 1: Akzeptanzprobleme bei den Mitarbeitenden auflösen

Nicht alle stehen digitalen Lernformaten offen gegenüber – sei es aus mangelnder Erfahrung mit Online-Plattformen, Unsicherheiten im Umgang mit neuer Technik oder der Befürchtung, dass eigenständiges Lernen höhere Anforderungen an die Selbstorganisation stellt.

> **Diese Skepsis entsteht, wenn E-Learning als Ersatz für bewährte Schulungskonzepte wahrgenommen wird statt als sinnvolle Ergänzung.**

Manche empfinden die Lerninhalte möglicherweise als zu theoretisch oder nicht direkt auf ihre tägliche Arbeit anwendbar – ohne weitere Möglichkeit auf Rückfragen. Das Fehlen direkter Ansprechpartner kann dazu führen, dass sich Mitarbeitende alleingelassen fühlen, wenn sie auf Schwierigkeiten stoßen.

Ein weiterer Faktor ist die fehlende Integration in den Arbeitsalltag. Wenn Mitarbeitende das Gefühl haben, dass sie für das Lernen »keine Zeit« haben oder es neben ihren regulären Aufgaben als zusätzliche Belastung wahrnehmen, kann das Engagement schnell sinken. Besonders im Homeoffice zeigt sich diese Herausforderung deutlich: Ohne die klare Struktur eines festen Schulungstermins im Büro müssen sich Mitarbeitende ihre Lernzeiten selbst einteilen. Wer ohnehin viele Meetings hat oder stark in den Arbeitsalltag eingebunden ist, neigt dazu, das Lernen immer weiter aufzuschieben. Fehlt zu all dem auch noch eine gezielte Unterstützung durch Führungskräfte oder Kolleginnen und Kollegen, kann E-Learning schnell als wenig greifbares Angebot wahrgenommen werden, das nicht mit den eigentlichen Arbeitsanforderungen verknüpft ist, sondern »nur zusätzlich« noch irgendwo zwischen anderen Aufgaben untergebracht werden muss. Um diese Herausforderung zu meistern, gibt es folgende Lösungswege:

- **Blended-Learning-Ansatz nutzen:** Sie könnten digitale Schulungen mit Präsenzangeboten kombinieren, um den Übergang zu erleichtern.
- **Klare Einbindung in den Arbeitsalltag:** Es hilft, feste Lernzeiten einzuplanen und in der Kommunikation als Teil der regulären rbeitszeit anzuerkennen.
- **E-Learning interaktiver gestalten:** Gamification-Elemente und Storytelling lassen Lernende »vergessen«, dass sie gerade »nur« eine Schulungsmaßnahme bearbeiten. Das erhöht die Bereitschaft, die benötigte Zeit einzuräumen.
- **Kommunikation und Mehrwert verdeutlichen:** Den Nutzen für Mitarbeitende klar aufzeigen, zum Beispiel durch Zertifikate, direkte Anwendbarkeit oder Karrierevorteile.
- **Feedback einholen und einbinden:** Regelmäßige Umfragen oder Gespräche lassen sich nutzen, um das Angebot an die Bedürfnisse der Mitarbeitenden anzupassen.

Herausforderung 2: Fehlender persönlicher Austausch

Ein wesentlicher Unterschied zwischen klassischen Präsenzschulungen und E-Learning liegt im persönlichen Austausch – und genau dieser kann in digitalen Lernumgebungen leicht verloren gehen. In Präsenzseminaren entstehen oft spontane Gespräche, Diskussionen und der direkte Kontakt zu Lehrenden und Kolleginnen und Kollegen. Diese soziale Interaktion ist für viele Menschen (wenn auch nicht alle) angenehm, spielt aber auf jeden Fall auch eine entscheidende Rolle für den Lernprozess. Studien aus der Lernpsychologie zeigen[3], dass gemeinsames Lernen motivierend wirkt, Unsicherheiten abbaut und durch aktiven Austausch tiefere Verständnisprozesse gefördert werden. E-Learnings versuchen oft, dies durch Avatare und Personalisierungseffekte auszugleichen.

Beim E-Learning hingegen sitzen trotzdem viele Lernende allein vor dem Bildschirm. Es gibt keine direkten Rückfragen an eine Lehrperson und kein unmittelbares Feedback durch Mitlernende. Wer Schwierigkeiten mit den Inhalten hat, muss sich selbst eine Lösung suchen – oder gibt im schlimmsten Fall frustriert auf.

Die Herausforderung heißt »fehlende soziale Einbindung«: Während Präsenzseminare oft als gemeinschaftliches Erlebnis wahrgenommen werden, das den Teamgeist stärkt, bleibt digitales Lernen eben meistens eine individuelle Aufgabe.

Dadurch können Mitarbeitende das Gefühl bekommen, dass sie mit dem Lernstoff alleingelassen werden. Im Homeoffice verstärkt sich dieser Effekt noch, da der sonst übliche Austausch mit Kolleginnen und Kollegen durch die Natur der Sache bereits zusätzlich eingeschränkt ist. Ohne gezielte Maßnahmen besteht die Gefahr, dass E-Learning als unpersönlich empfunden wird und weniger effektiv ist als traditionelle Schulungsformate. Aber natürlich gibt es auch hier Lösungswege:

- **Richten Sie virtuelle Lerngruppen und Foren ein:** Die höchste Priorität liegt hier vermutlich darin, Plattformen für den Austausch zu schaffen, etwa Diskussionsforen, Teams-Kanäle oder regelmäßige Onlinetreffen.
- **Nutzen Sie Blended Learning:** Es hilft, digitale Inhalte mit interaktiven Live-Sessions oder Präsenztreffen zu kombinieren, um so soziale Lernmomente zu fördern, aber trotzdem die Vorteile von digitalen Lernmedien nutzen zu können.
- **Wenden Sie Mentoring an oder benennen Sie Lernpaten:** Es gilt, erfahrene Mitarbeitende als Ansprechpersonen einzusetzen, um individuelle Unterstützung zu bieten.
- **Bauen Sie interaktive Elemente ein:** Es geht dabei um Gruppenaufgaben, Peer-Reviews oder Lernprojekte wie moderne »Hacka-

thon«. Gruppenevents können genutzt werden, um gemeinsames Arbeiten auch digital zu ermöglichen – und Ergebnisse vielleicht sogar als High Score sichtbar zu machen.

Herausforderung 3: Unterschiedliche Lerngewohnheiten und Motivation

Während einige Lernende sich leicht selbst motivieren können, Struktur lieben und gern eigenständig Inhalte erarbeiten, brauchen andere klare Anleitungen, feste Termine oder den direkten Austausch mit Mitlernenden, um am Ball zu bleiben.

TIPP-BOX

Lernpsychologische Modelle wie das Selbstbestimmungsmodell der Motivation zeigen, dass besonders drei Faktoren für erfolgreiches Lernen entscheidend sind: Autonomie, Kompetenz und soziale Eingebundenheit. Nutzen Sie die drei Faktoren, um intrinsische Motivation herbeizuführen.

Fehlt die Autonomie, weil Lernende das Gefühl haben, starr durch Kurse geführt zu werden, kann Frust entstehen – und das zu Recht. Fehlt das Kompetenzgefühl, weil Inhalte zu schwer oder unklar sind, sinkt die Motivation. Und wenn die soziale Eingebundenheit fehlt, kann Lernen schnell als isolierte, rein technische Pflichtaufgabe empfunden werden. Genau diese Probleme treten bei digitalen Lernangeboten häufiger auf als in Präsenzformaten.

Dazu kommt, dass alle Menschen unterschiedliche Gewohnheiten und Bedürfnisse mitbringen. Manche bevorzugen kurze, kompakte Lerneinheiten, während andere sich lieber intensiv mit einem Thema beschäftigen. Einige arbeiten gern mit Videos und interaktiven

Modulen, andere bevorzugen Texte oder praxisnahe Fallbeispiele. Wenn eine E-Learning-Plattform nicht flexibel genug ist, kann dies dazu führen, dass sich bestimmte Gruppen nicht angesprochen fühlen – und das Lernen dadurch weniger effektiv oder sogar frustrierend wird. Wo also können Sie überhaupt ansetzen, um allen gerecht zu werden? Das ist bei E-Learning zum Glück einfacher als gedacht: Das Geheimrezept heißt Abwechslung. Es führt zu diesen Lösungswegen:

- **Flexible Lernpfade anbieten:** Entscheidend ist, Wahlmöglichkeiten zwischen verschiedenen Formaten (Videos, Texte, interaktive Übungen) zu eröffnen, um unterschiedliche Lernstile zu bedienen.
- **Micro-Learning nutzen:** Es können kürzere, kompakte Lerneinheiten bereitgestellt werden, damit auch wenig Zeitaufwand zu Erfolgserlebnissen führt.
- **Gamification-Elemente einbauen:** Mit Fortschrittsbalken, Abzeichen oder kleinen Challenges gelingt es, die Motivation zu steigern.
- **Lernfortschritt sichtbar machen:** Dashboard-Anzeigen oder Zertifikate helfen, Erfolgserlebnisse zu verstärken und permanent Ergebnisse zu liefern.

▶ QUICKREADER:

Das Wichtigste dieses Kapitels im raschen Überblick

- **Beim Lernen mit E-Learning gibt es einige Stolpersteine zu beachten, die frühzeitig aus dem Weg geräumt werden sollten.**
- **Eine durchdachte Planung, eine strukturierte Umsetzung und ein guter Support sind erforderlich, um digitale Lernangebote dauerhaft erfolgreich zu etablieren.**
- **Die technische Robustheit, die Nutzerfreundlichkeit und das didaktische Konzept entscheiden über den Erfolg von E-Learning. Eine stabile Plattform und leistungsfähige Endgeräte sind dabei wesentliche Voraussetzungen. Hinzu kommt die menschliche Komponente: Dozierende und Trainer müssen digitale Medien sinnvoll integrieren und Lernende motivieren.**
- **Des Weiteren sind die Anforderungen an den Datenschutz und die Datensicherheit sowie die sozialen und pädagogischen Herausforderungen zu berücksichtigen. Letztere entstehen, weil sich manche Mitarbeitende im Umgang mit neuen Lernplattformen unsicher fühlen oder befürchten, der persönliche Austausch gehe verloren. Hier gilt es, die soziale Interaktion und den persönlichen Austausch zu stärken.**

KAPITEL 6

Best Practice-Beispiele: Erfolgreiche Initiativen und Programme

Es gibt eine Reihe von erfolgreichen E-Learning-Initiativen und -Programmen. Manches davon ist öffentlich zugänglich oder von der öffentlichen Hand gefördert. Hintergrund ist, dass E-Learning in den letzten Jahren erhebliche Fortschritte gemacht und sich als eine der effizientesten und flexibelsten Methoden zur Wissensvermittlung und zum Lernen etabliert hat. Technologische Fortschritte, innovative didaktische Konzepte und neue Lehrmethoden haben dazu geführt, dass digitale Lernplattformen immer leistungsfähiger und interaktiver werden. Besonders in Krisenzeiten, etwa während der COVID-19-Pandemie, wurde deutlich, dass digitale Bildungsangebote eine essenzielle Alternative und Ergänzung zum Präsenzunterricht sind.

Es lohnt sich, sich einige Beispiele gelungener E-Learning-Initiativen und -Programme im Detail anzuschauen, um daraus zu lernen. Dies gilt gleichfalls für die Probleme und Hindernisse, die dabei aufgetreten sind und letztendlich überwunden werden konnten.

Kriterien für erfolgreiches E-Learning

Der Erfolg von E-Learning basiert auf mehreren belegbaren Faktoren, die es als Lernmethode besonders effektiv machen.

Ein zentraler Aspekt ist die adaptive Lerntechnologie.

Durch den Einsatz von guten Analysemethoden können Lernplattformen Inhalte individuell an die Bedürfnisse und den Lernfortschritt der Teilnehmenden anpassen – sei es durch ein Consulting-Dienstleister oder sehr zielgruppennahe Fachexperten. Dies führt zu einer personalisierten Lernerfahrung, die nachweislich die Motivation und den Wissenserwerb verbessert.

Ein weiterer wesentlicher Faktor für erfolgreiche Initiativen ist die multisensorische Verarbeitung.

Studien aus der Kognitionsforschung belegen[4], dass Menschen nachhaltiger lernen, wenn Informationen auf mehreren Sinneskanälen gleichzeitig vermittelt werden. E-Learning nutzt diese Erkenntnis durch interaktive Videos, animierte Infografiken und audiovisuelles Feedback, um das Lernen effektiver zu gestalten. Voiceovers durch professionelle Sprecher, Laien oder KI bieten einen ähnlichen lernpsychologischen Mehrwert.

Die Wiederholung und Festigung durch Microlearnings ist ebenfalls ein Faktor von bestätigt erfolgreichen Projekten. Anstatt große Informationsmengen auf einmal zu vermitteln, werden Lerninhalte in kleinen, leicht verdaulichen Einheiten präsentiert. Dies entspricht dem Prinzip der verteilten Wiederholung, das in der Lernpsychologie als besonders effizient gilt, um Wissen langfristig zu verankern. Bonuspunkte gibt es hierbei für die freie zeitliche Einteilung, die durch Microlearnings begünstigt wird – um das bereits erwähnte andragogische Prinzip der Selbstbestimmung zu verstärken.

Neben diesen didaktischen Vorteilen spielen die Nutzerfreundlichkeit und die Skalierbarkeit eine entscheidende Rolle. Digitale Lernplattformen ermöglichen den Zugang zu hochwertiger Bildung unabhängig von geografischen oder wirtschaftlichen Einschränkungen. Gerade in globalen Unternehmen und Bildungsinitiativen kann Wissen schnell und effizient an eine große Anzahl von Menschen weitergegeben werden. Dabei gewinnen die schnelle Übersetzbarkeit und die rasche Verbreitung enorm an Bedeutung. Wo früher nur eine englische Kursaufzeichnung für Standorte in anderen Ländern versendet wurde, entsteht nun eine leichtere Alternative der Untertitelung oder Neuvertonung – nicht zuletzt gestützt durch die Fortschritte in Autorentools und zukünftig verstärkt durch Künstliche Intelligenz.

Das soziale und kollaborative Lernen in digitalen Umgebungen hat eine positive Wirkung auf die Lernmotivation und den Lernerfolg. E-Learning-Plattformen integrieren zunehmend Elemente wie virtuelle Gruppenarbeiten, Peer-Reviews und Foren, die den interaktiven Austausch zwischen Lernenden fördern und so das Lernen in sozialen Kontexten unterstützen – ein Faktor, der in globalen Unternehmen standortübergreifend positive Effekte auf den sozialen Zusammenhalt hat, oder auch auf das Wettbewerbsverhalten.

Checkliste: Erfolgreiche E-Learning-Initiativen gestalten

Voraussetzung

- ❑ Erfolgreiche digitale Bildungsangebote basieren auf einer Kombination aus innovativen Technologien, didaktischen Prinzipien und strategischer Umsetzung
- ❑ Damit ein E-Learning-Programm Wirkung zeigt, sollten bestimmte Aspekte Berücksichtigung finden

Aspekt »Interaktivität und Engagement«

- ❑ Lernen ist effektiver, wenn es aktiv und interaktiv gestaltet wird. Erfolgreiche E-Learning-Programme setzen auf:
  - ❑ Gamification: Punkte, Belohnungen und Ranglisten steigern die Motivation
  - ❑ Soziale Interaktion: Diskussionsforen und Gruppenarbeiten fördern den Austausch
  - ❑ Live-Webinare und Mentoring: Direkte Unterstützung durch Lehrkräfte oder Experten verbessert den Lernerfolg

Aspekt »Personalisierung und adaptive Lernsysteme«

- ❑ Künstliche Intelligenz ermöglicht individuelle Lernwege und unterstützt eine gezielte Wissensvermittlung:
  - ❑ Adaptive Algorithmen: Inhalte passen sich automatisch an das Lerntempo der Nutzer an
  - ❑ Learning Analytics: Datenanalyse hilft, Schwächen zu erkennen und gezielt Verbesserungen vorzuschlagen

Aspekt »Zugang und Inklusivität«

- ❑ **Ein digitales Bildungsangebot sollte für möglichst viele Menschen zugänglich sein. Erfolgreiche Initiativen setzen auf:**
  - ❑ **Kostenfreie oder kostengünstige Inhalte (etwa Khan Academy, edX Free Courses)**
  - ❑ **Barrierefreiheit: Inhalte für Menschen mit Behinderungen und für alle Menschengruppen nutzbar machen**
  - ❑ **Multisprachige Inhalte: Bildungsangebote in mehreren Sprachen verfügbar machen, um eine globale Zielgruppe zu erreichen**

Best Practices: Von MOOCs lernen

Es gibt zahlreiche erfolgreiche E-Learning-Projekte, die als Best Practices dienen können. Wie bereits erwähnt, sind manche davon öffentlich zugänglich oder werden von staatlicher Seite gefördert. Massive Open Online Courses (MOOCs) sind eine der bekanntesten und erfolgreichsten Formen des digitalen Lernens. Sie ermöglichen den weltweiten Zugang zu hochwertigen Bildungsinhalten von renommierten Universitäten und Unternehmen – oft kostenlos oder zu geringen Kosten. Auch viele Unternehmen nutzen sie oder haben sie sogar über eigene digitale Akademien ins Leben gerufen, um ihre Mitarbeitenden gezielt weiterzubilden und Wissen innerhalb der Organisation strukturiert zu vermitteln. Darüber hinaus gibt es in vielen Ländern staatlich geförderte Programme, die darauf abzielen, Fachkräftemangel entgegenzuwirken oder benachteiligte Gruppen gezielt zu unterstützen.

TIPP-BOX

Eine der wichtigsten Fragen, die Sie sich stellen sollten, ist, ob Sie bestehende Plattformen nutzen oder ein eigenes Lernangebot entwickeln möchten. Oft lohnt es sich, auf etablierte Lösungen zurückzugreifen, anstatt von Grund auf ein neues System zu erstellen. Zudem sollten Sie prüfen, ob es Fördermöglichkeiten gibt, um Ihr Budget optimal einzusetzen.

Einige der folgenden Plattformen haben Sie bereits im Zusammenhang mit unserer Beschreibung der Lernmanagementsysteme kennengelernt.

Erfolgreiche akademische MOOC-Plattformen: Coursera, edX, Udacity

Viele MOOC-Plattformen haben ihre eigene Nische gefunden, doch gemeinsam haben sie das Potenzial von E-Learning revolutioniert: Sie machen erstklassige Bildung weltweit zugänglich und ermöglichen es Lernenden, ihre Fähigkeiten gezielt und flexibel weiterzuentwickeln.

Zu den bekanntesten MOOC-Plattformen zählt Coursera, das in enger Zusammenarbeit mit renommierten Universitäten wie Harvard, Stanford und der University of London steht. Besonders stark sind hier Kurse in den Bereichen Data Science, Business und IT, die sich sowohl an Studierende als auch an Berufstätige richten, die sich gezielt weiterqualifizieren möchten. Durch Partnerschaften mit führenden Hochschulen bietet Coursera hochwertige akademische Inhalte in einem flexiblen, digitalen Format an.

Besonders etabliert hat sich auch edX, das ursprünglich vom MIT und der Harvard University ins Leben gerufen wurde. Es zeichnet sich durch eine breite Auswahl an akademischen Kursen aus, die oft direkt von Universitäten entwickelt werden. Besonders attraktiv ist die Möglichkeit, offizielle Zertifikate oder sogar MicroDegrees zu erwerben.

Im Gegensatz dazu verfolgt Udacity einen stärker praxisorientierten Ansatz. Die Plattform ist spezialisiert auf kompakte, kompetenzorientierte Programme, die als »Nanodegrees« bekannt sind. Besonders gefragt sind hier Themen wie Künstliche Intelligenz, Cloud Computing und Softwareentwicklung, die in enger Zusammenarbeit mit führenden Tech-Unternehmen entwickelt werden.

Khan Academy: Kostenlose Bildung für Schüler weltweit

Die gemeinnützige Plattform Khan Academy bietet interaktive Lernmaterialien für Schülerinnen und Schüler sowie Lehrerinnen und Lehrer, insbesondere in Mathematik, Naturwissenschaften und Wirtschaft. Besonders ist hier, dass die Khan Academy komplett kostenlos bleiben will und vollständig durch Spenden finanziert wird. Sie verfolgt das Ziel, weltweit möglichst vielen Menschen Zugang zu hochwertiger Bildung zu ermöglichen – unabhängig von finanziellen Ressourcen. Die Plattform nutzt adaptive Lernpfade, um Schülerinnen und Schülern personalisierte Unterstützung zu bieten. Millionen von Lernenden weltweit profitieren von den kostenlosen Video-Tutorials und Übungsaufgaben. Besonders spannend ist: Die Khan Academy bietet extra Tools für Lehrkräfte an, um die Lernprozesse stärker beobachten und durch menschliche Lehrende beeinflussen zu können.

Duolingo: Gamifiziertes Sprachenlernen

Duolingo reiht sich in die Riege erfolgreicher MOOCs ein, obwohl es sich in seiner Konzeption deutlich von klassischen Plattformen wie Coursera oder edX unterscheidet. Während traditionelle MOOC-Anbieter strukturierte Kurse mit linearen Abläufen bereitstellen, verfolgt Duolingo einen spielerischen Ansatz in seinen Teilmodulen, der sich speziell auf den Spracherwerb konzentriert. Dennoch teilt es zentrale Merkmale mit anderen MOOCs: Es bietet Millionen von Menschen weltweit kostenfreien Zugang zu hochwertiger Bildung. Was Duolingo besonders macht, ist die Kombination aus Gamification und künstlichen smarten Algorithmen. Durch Belohnungssysteme, spielerische Herausforderungen und tägliche Lernziele bleibt die Motivation der Nutzenden hoch – und vermeidet so ein Problemgebiet, mit dem viele klassische MOOCs sonst zu kämpfen haben: hohe Abbruchraten. Außerdem entwickelt Duolingo seine Inhalte datenbasiert weiter: Millionen von Nutzereingaben fließen kontinuierlich in die Optimierung der Lernpfade ein, sodass die Anwendung immer effektiver wird.

LinkedIn Learning: Berufliche Weiterbildung für die moderne Arbeitswelt

LinkedIn Learning bietet praxisorientierte Kurse für Berufstätige in den Bereichen Marketing, IT, Führung und mehr. Hervorzuheben ist, dass absolvierte Kurse direkt ins LinkedIn-Profil integriert werden. Dadurch wird nicht nur der eigene Wissensstand dokumentiert, sondern auch die Sichtbarkeit bei potenziellen Arbeitgebern erhöht – ein klarer Vorteil nicht nur für die Einzelpersonen, sondern auch für die Außenwirkung von Teams.

Google for Education und Microsoft Education

Auch die großen Technologieunternehmen treiben die Digitalisierung des Bildungssektors mit eigenen Initiativen voran. Google for Education und Microsoft Education haben selbst MOOC-Plattformen geschaffen, die den digitalen Unterricht unterstützen und Lehrkräften sowie Schülerinnen und Schülern moderne Werkzeuge zur Verfügung stellen.

Mit Google Classroom können Lehrkräfte digitale Unterrichtsmaterialien erstellen, Aufgaben verwalten und mit ihren Schülerinnen und Schülern kommunizieren – alles innerhalb einer übersichtlichen Plattform, die speziell für die Anforderungen moderner Klassenzimmer entwickelt wurde. Durch die enge Integration mit anderen Google-Diensten wie Google Drive oder Google Docs wird das gemeinsame Arbeiten zwischen Schülergruppen untereinander oder gemeinsam mit den Lehrenden erleichtert.

Microsoft Teams for Education verfolgt einen ähnlichen Ansatz und erweitert den digitalen Unterricht um unterhaltsame Kollaborationstools (wie etwa Filter, Avatare, Notizblöcke und KI-Zusammenfassungen), Videokonferenzen, interaktive Whiteboards und eine endlose Reihe an verfügbaren Add-Ons, die Lehrende selbst hinzufügen können. Damit können Lehrkräfte virtuelle Klassenzimmer schaffen, die wieder einen Schritt zum Frontalunterricht zurückgehen – eine Entwicklung, die zuvor viele Schülerinnen und Schüler während der Pandemie beklagt haben.

In den Zeiten hybrider Lernmodelle haben diese Plattformen bewiesen, dass digitales Lernen nicht nur eine Notlösung, sondern eine echte Bereicherung für Lernformate sein kann.

Checkliste: Bestehende MOOCs nutzen

Die Nutzung vorhandener MOOCs kann sinnvoll sein, wenn:

- ❑ **hochwertige Kurse bereits existieren, die den eigenen Bildungsbedarf abdecken**
- ❑ **interne Ressourcen für die Content-Erstellung begrenzt sind und eine fertige Lösung schneller umsetzbar ist**

- ❑ **eine breite Auswahl an renommierten Partnern verfügbar ist (etwa Coursera, edX, LinkedIn Learning)**
- ❑ **zertifizierte Inhalte benötigt werden, um die berufliche Weiterentwicklung oder Qualifikationen nachzuweisen**
- ❑ **Kosteneffizienz eine Rolle spielt, da die Entwicklung eigener Inhalte oft zeit- und kostenintensiv ist**

Durch die gezielte Auswahl zwischen vorhandenen MOOC-Angeboten und eigenen Entwicklungen kann alternativ eine effektive E-Learning-Strategie als Hybrid umgesetzt werden, um den Drahtseilakt zwischen Kosteneffizienz und Zielgruppenorientierung zu meistern.

Checkliste: Eigenes MOOC-System aufsetzen

Es kann sinnvoll sein, ein eigenes MOOC-System zu entwickeln, wenn:

- ❑ **spezifische Inhalte benötigt werden, die auf dem Markt nicht oder nur unzureichend verfügbar sind**
- ❑ **unternehmensinterne Schulungen oder firmenbezogene Themen behandelt werden sollen**
- ❑ **eine größere Kontrolle über Inhalte, Didaktik und Zertifikate gewünscht ist**
- ❑ **individuelle Anpassungen und Lernpfade erforderlich sind, die bestehende Plattformen nicht bieten**
- ❑ **ein nachhaltiges E-Learning-Programm aufgebaut werden soll, das langfristig flexibel erweiterbar ist**

Nachdem Sie die entscheidenden Kriterien und Aspekte erfolgreicher E-Learning-Initiativen und -Programme kennengelernt haben, lassen Sie uns nun einige Fallstudien zu realen Projekten betrachten, die wir begleitet haben.

Fallstudie 1: Einführung einer LMS-Plattform bei einem mittelständischen Industriebetrieb zur Schulung von Vertriebsmitarbeitenden

Starten wir mit der Ausgangssituation: Die Digitalisierung verändert die Anforderungen in der Industriebranche grundlegend. Besonders der Vertrieb steht vor der Herausforderung, sich kontinuierlich über neue Produkte, Markttrends und Verkaufstechniken weiterzubilden.

Adobe Stock #109035216/MclittleStock

Ein mittelständisches Unternehmen aus dem Maschinenbau hatte daher beschlossen, ein Learning Management System einzuführen, um die Schulung seiner Vertriebsmitarbeitenden effizienter zu gestalten und deren Leistung nachhaltig zu verbessern.

Der Impuls für diese Entscheidung kam von einem neuen Mitglied der Geschäftsführung, das bereits Erfahrung mit einer gut funktionierenden digitalen Ausbildungsorganisation gesammelt hatte. Die Einführung wurde als strategische Maßnahme von oben angestoßen. Von Beginn an war es entscheidend, dass das neue System mit der bestehenden Personalverwaltungssoftware kompatibel ist und intern ohne große IT-Abhängigkeit gemanagt werden kann.

Die Vorgeschichte

Das Unternehmen ist ein führender Hersteller von Spezialmaschinen mit rund 1500 Mitarbeitenden. Der Vertrieb erfolgt durch ein Team von 500 Mitarbeitenden, die sowohl national als auch international tätig sind. Schulungen wurden bisher hauptsächlich in Präsenzseminaren durchgeführt, verbunden mit einem hohen organisatorischen Aufwand und erheblichen Reisekosten.

Die Trainings wurden von internen Fachtrainern durchgeführt, die zugleich für die Erstellung der Schulungsmaterialien verantwortlich waren. Diese Vorgehensweise stieß zunehmend an ihre Grenzen, da die wachsende Anzahl an Produkten und Märkten eine immer größere Menge an Schulungsinhalten erforderte. Vor der Einführung des LMS sah sich das Unternehmen mit mehreren Herausforderungen konfrontiert:

- **Heterogener Wissensstand der Vertriebsmitarbeitenden:** Die unterschiedlichen Erfahrungshintergründe führten zu einem uneinheitlichen Know-how im Team.

- **Schwierigkeit, alle Mitarbeitenden zeitgleich auf denselben Wissensstand zu bringen:** Die Präsenzschulungen konnten nicht flexibel auf alle Mitarbeitenden ausgerollt werden.
- **Hohe Kosten und Zeitaufwand durch Präsenzschulungen:** Die Reisekosten und der Arbeitsausfall während der Schulungen waren beträchtlich.
- **Fehlende Transparenz über den Informationsstand der Mitarbeitenden:** Es gab keine einheitliche Möglichkeit, den Wissenserwerb systematisch nachzuverfolgen.
- **Mangelnde Erfolgskontrolle und Nachverfolgung des Lernfortschritts:** Das Unternehmen hatte keine datenbasierte Grundlage zur Evaluierung der Schulungsergebnisse.
- **Starke Beanspruchung des Trainingspersonals und fehlender Nachwuchs:** Die internen Trainer waren zunehmend überlastet, während sich kaum neue Trainer fanden.

Die Auswahl und Implementierung der LMS-Plattform

Nach einer umfassenden Bedarfsanalyse entschied sich das Unternehmen für eine cloudbasierte LMS-Lösung. Die Auswahlkriterien wurden sorgfältig definiert, um den spezifischen Anforderungen des Unternehmens gerecht zu werden:

- **Benutzerfreundlichkeit und intuitive Bedienung:** Das LMS sollte von den bestehenden Mitarbeitenden gepflegt werden können, ohne dass umfangreiche IT-Kenntnisse erforderlich sind.
- **Integration in bestehende IT-Systeme:** Besonders wichtig war die Anbindung an die bestehende HR-Software.
- **Mobile Nutzbarkeit:** Weil viele Mitarbeitende auf Reisen waren, musste die Plattform über mobile Endgeräte zugänglich sein.
- **Reporting- und Analysefunktionen:** Die Möglichkeit, Lernfortschritte und Schulungserfolge systematisch auszuwerten, war ein zentrales Entscheidungskriterium.

Durch die Implementierung des LMS war es nun möglich, Vertriebsmitarbeitende flexibel zu schulen, Lernfortschritte transparent zu machen und langfristig Kosten zu reduzieren. Als Zwischenfazit lässt sich festhalten:

Geringere Kosten für mehr Flexibilität – ein guter Start!

Die Maßnahmen sollten sich jedoch auch dauerhaft im Unternehmen halten und wirklich relevant für das Personal sein. Es wurden daher Mitarbeitende aus verschiedenen Abteilungen befragt, um herauszufinden, welche Funktionen sie sich von einer Lernmanagement-Software wünschen. Auf Grundlage dieser Rückmeldungen wurden zusammen mit der IT-Abteilung ein Pflichtenheft erstellt und eine Excel-Liste mit den wichtigsten Anforderungen angelegt. Die Anforderungen wurden in zwei Gruppen unterteilt:

- **»Knock-out-Kriterien«**: Diese Funktionen sind unbedingt nötig, und
- **»Nice-to-have-Kriterien«**: Funktionen, die zwar hilfreich sind, aber nicht zwingend erforderlich.

Jede Anforderung wurde mit Punkten bewertet, die dann im Verhältnis zum Preis des Systems gesetzt wurden. So konnte – nach einigen neuen Prioritäten und Kompromissen – das kostengünstigste System mit der besten Abdeckung der wichtigsten Funktionen ausgewählt werden. Um schnell loszulegen, entschloss man sich, zunächst einige vorgefertigte E-Learning-Module zu nutzen. Die ersten Themen, mit denen man startete, waren:

- Arbeitssicherheit
- Compliance
- Datenschutz
- Informationssicherheit

Mittelfristig plant das Unternehmen, eigene Inhalte zu erstellen. Diese Aufgabe sollen junge, technikaffine Trainer übernehmen. Sie sollen in der Nutzung des Autorentools Articulate Storyline geschult werden. Dafür wird ihnen nun Zeit eingeräumt, damit sie die Erstellung der Lerninhalte selbst in die Hand nehmen können.

Die Implementierung der Lernplattform erfolgte in mehreren Phasen:

1. Pilotphase: Testen der Plattform mit einer kleinen Gruppe von Vertriebsmitarbeitenden
2. Verteilung von Standard-Inhalten
3. Inhaltserstellung: Entwicklung von Onlineschulungen zu Produkten
4. Schulung der Administratoren und Trainer: Einweisung der internen Trainer in die Nutzung des Systems
5. Evaluation und Optimierung: Kontinuierliche Verbesserung basierend auf Nutzerfeedback

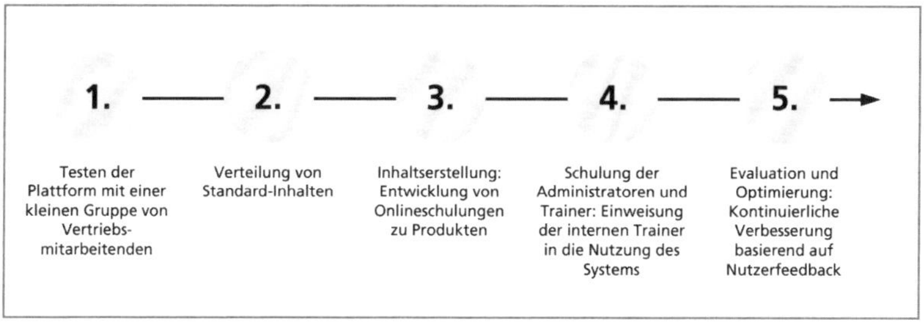

Es war wichtig, dass im Bereich *Schulungsmarketing* einiges unternommen wurde. Es wurde klar mit allen Mitarbeitenden kommuniziert, dass die Schulungslandschaft nun digitalisiert wird. Der Vorstand hatte dafür ein »Tone from the Top«-Video im Intranet des Unternehmens veröffentlicht, in dem erklärt wurde, was diese Veränderung sowohl der Firma als auch den Mitarbeitenden bringen wird. Auf der Plattform wurde zusätzlich ein Fragebogen eingerichtet, um herauszufinden, was die Mitarbeitenden sich wünschen oder was ihnen nicht gefällt. Zudem wurden bestimmte Mitarbeitende als Multiplikatoren geschult, um als Ansprechpartner fungieren zu können. Besonders wichtig war, dass die Trainer von Anfang an eingebunden wurden, und den Usern ein Gefühl von »Mitspracherecht« zu vermitteln. Die Trainer übernahmen nun die Rolle der Online-Coaches und betreuten die Lernenden während des gesamten Lernprozesses.

Was können Sie aus der Fallstudie mitnehmen und lernen?

TIPP-BOX

Kommunikation ist der Schlüssel zum Erfolg! Es braucht auch nicht immer eine elaborierte interne Marketingkampagne: Eine transparente Einführungskampagne, klare Kommunikation durch das Management (»Tone from the Top«) und regelmäßiges Feedback der Mitarbeitenden sorgen für höhere Akzeptanz und eine aktive Nutzung des LMS.

Fazit zu Fallstudie 1: Ergebnisse und Erfolge

Heute können wir mit Sicherheit sagen, dass die Einführung des LMS ein echter Erfolg war. Besonders die Flexibilität und Effizienz der Schulungsprozesse haben sich deutlich verbessert. Die Vertriebsmitarbeitenden können jetzt jederzeit und von überall aus lernen – ob zu Hause, im Büro oder unterwegs. Diese Möglichkeit, das Lernen flexibel in den Arbeitsalltag zu integrieren, war eines der Hauptziele des Projekts, das tatsächlich erreicht werden konnte. Hinzu kommt: Das flexible Lernen im Arbeitsalltag hat sich bewährt.

Ein weiterer Vorteil des LMS besteht darin, dass die Mitarbeitenden nun nicht nur auf Lerninhalte zugreifen, sondern auch wichtige Dokumente einfach teilen und in Foren über ihre Erfahrungen sprechen können.

So hat sich eine echte Lernkultur etabliert, die den Austausch und das gemeinsame Wachstum fördert.

Ein weiterer positiver Punkt ist die deutliche Kostenersparnis. Zwar wurden viele Schulungen schon vorher als Webinare angeboten, aber die Einsparungen durch den Wegfall von Reisen und Präsenzveranstaltungen sind trotzdem bemerkenswert. Dieser Effekt ist zwar typisch für E-Learning-Initiativen, aber in diesem Projekt besonders gut umgesetzt.

Auch die Lernerfolge sind sichtbar gestiegen. Laut den Dozierenden erzielen die Lernenden jetzt bessere Ergebnisse. Das liegt vor allem an den interaktiven Modulen und regelmäßigen Tests, die dafür sorgen, dass das Wissen besser im Gedächtnis haften bleibt und die Lernenden aktiver beim Lernprozess mitwirken. Diese Ergebnisse waren eine der großen Hoffnungen, die mit dem E-Learning verbunden waren, und sie haben sich hier wirklich erfüllt. Die deutlich verbesserte Erfolgskontrolle hat einen weiteren positiven Nebeneffekt:

Jetzt können die Verantwortlichen dank detaillierter Berichte den Lernfortschritt der Mitarbeitenden genauer nachvollziehen. Durch die Tests und die Datenanalyse lässt sich der Lernerfolg in Echtzeit verfolgen, was die gezielte Unterstützung der Lernenden erleichtert.

Diese präzisere Erfolgskontrolle war ein wichtiger Bestandteil des Projekts und wird in Zukunft noch weiter ausgebaut. Geplant ist, diese Datenanalyse in ein Skillmanagement-System zu integrieren, um noch gezielter auf die individuellen Bedürfnisse der Mitarbeitenden eingehen zu können.

Die Einarbeitung neuer Mitarbeitender hat sich ebenfalls stark verbessert. Der Lernstoff steht sofort zur Verfügung, wodurch neue Kolleginnen und Kollegen schneller starten können, ohne auf feste Schulungstermine warten zu müssen. Dadurch können sie schneller ins Team integriert werden und ihren Beitrag leisten. Das LMS hat an dieser Stelle aktiv dafür gesorgt, dass der Onboarding-Prozess effizienter und reibungsloser verläuft.

Außerdem hat das LMS viele administrative Aufgaben automatisiert, was das Management der Schulungsaktivitäten deutlich vereinfacht hat. Regelmäßige Schulungen werden automatisch mit einer Gültigkeit versehen, und auch Erinnerungen sowie Aufforderungen zur Teilnahme gehen automatisch raus. Sogar mehrstufige Ausbildungsprozesse, bei denen Schulungen miteinander verknüpft werden, laufen jetzt ohne manuellen Aufwand ab. Das spart Zeit und sorgt für einen viel reibungsloseren Ablauf, wodurch die Verantwortlichen spürbar entlastet werden.

Die eingeführten Maßnahmen haben das Vertriebsteam deutlich gestärkt. In Zukunft möchte das Unternehmen das neue System auch für andere Abteilungen nutzen und noch mehr auf KI-unterstützte Lernpfade setzen, um das Lernen individueller und effektiver zu gestalten. Durch die Feedbackfunktion wird das Unternehmen weiterhin sicherstellen, dass alle Mitarbeitenden bestmöglich gefördert werden und ihre Weiterentwicklung noch gezielter vorantreiben können.

Fallstudie 2: Einführung eines E-Learning-Programms zur Schulung von gewerblichen Mitarbeitenden zum Thema Arbeitssicherheit

Hier stellte sich die Ausgangssituation wie folgt dar: Arbeitssicherheit ist eine der größeren Herausforderungen für Unternehmen – besonders in Bereichen wie Produktion, Bauwesen oder Logistik. Hier ist es – nicht zuletzt aus rechtlichen Gründen – unerlässlich, dass Mitarbeitende regelmäßig in Sicherheitsmaßnahmen geschult werden. In Deutschland schreibt das Arbeitsschutzgesetz vor, dass jährliche Unterweisungen stattfinden und dokumentiert werden müssen. Weitere Regelungen wie die Betriebssicherheitsverordnung, das Produktsicherheitsgesetz, die Maschinenverordnung, die Unfallverhütungsvorschriften und die Arbeitsstättenverordnung stellen zusätzliche Anforderungen. Auch international liegen klare Vorgaben vor: In Europa gibt es die Rahmenrichtlinie (89/391/EWG), in England erfolgt die Regelung über die Health and Safety Executive, in den USA übernimmt die Occupational Safety and Health Administration die Kontrolle, und in Indien kommt der Factories Act zum Einsatz – je nach Branche und konkreter Gefahrensituation.

Diese vielfältigen Anforderungen unter einen Hut zu bringen, kann besonders bei einer ersten digitalen Umsetzung einige Herausforderungen mit sich bringen.

Daher hatte sich ein mittelständisches Unternehmen entschieden, ein E-Learning-Programm zur Schulung seiner gewerblichen Mitarbeitenden im Bereich Arbeitssicherheit einzuführen.

Ziel war es, die Effizienz der Schulungen zu steigern und sicherzustellen, dass alle Sicherheitsrichtlinien konsequent eingehalten werden. Die typischen Vorteile von E-Learning – flexible, ortsunabhängige Schulungen und eine einfache, nachvollziehbare Dokumentation – sollten voll ausgeschöpft werden.

Konkret war für dieses Projekt vor allem wichtig, den bisherigen Aufwand in der Verwaltung und Dokumentation der weltweit durchgeführten Maßnahmen spürbar einzudampfen. Früher wurden die Schulungen zeitversetzt abgehalten, was aussagekräftige Berichte fast unmöglich machte. Zudem sorgte die Durchführung durch unterschiedlich gut qualifizierte Dozenten in verschiedenen Sprachen für ein uneinheitliches Qualitätsniveau – mit kaum einer Möglichkeit, dies im Nachgang zu tracken oder zu korrigieren. Das neue E-Learning-Programm setzte genau hier an: Standardisierte, interaktive Module sollten nicht nur die Schulungsqualität vereinheitlichen, sondern auch eine lückenlose und einfache Nachverfolgung der Maßnahmen ermöglichen.

Die Vorgeschichte

Bevor das E-Learning-Programm eingeführt wurde, fanden Schulungen wie eben bereits erwähnt vorwiegend in Präsenz statt – ein Ansatz, der immer wieder Probleme mit sich brachte. Die Koordination der Termine erforderte einen enormen organisatorischen Aufwand, was häufig zu Produktionsausfällen führte, weil Mitarbeitende im Planungszeitraum und auch während der Schulungen fehlten. Außerdem sorgte die klassische Präsenzmethode dafür, dass das vermittelte Wissen stark variierte und die Ergebnisse oft unzureichend dokumentiert waren. Um diesen Herausforderungen entgegenzuwirken, setzte sich das Unternehmen die Ziele,

- die Schulungskosten und -zeiten zu senken,
- die Wissensvermittlung durch interaktive Module zu verbessern und
- eine einheitliche Schulung aller Mitarbeitenden – unabhängig von deren Standort – zu gewährleisten.

Darüber hinaus sollte es möglich sein, die Inhalte kontinuierlich global zu aktualisieren und die Schulungserfolge sowie ausgestellte Zertifikate automatisch zu dokumentieren.

Die Umsetzung des Projekts

Die Umsetzung des E-Learning-Programms verlief in mehreren Phasen, startend mit einer gründlichen Bedarfsanalyse und der Auswahl der passenden Plattform. Dabei wurden zentrale Parameter ermittelt: Es galt zunächst zu klären, welche Themen geschult werden sollten und wie sich diese nach Regionen, Sprachen und zeitlichen Intervallen gliedern ließen. Ein weiterer Aspekt war die digitale Teilhabe der Lernenden: Es musste zunächst geprüft werden, ob überhaupt ausreichend Computer oder Tablets vorhanden waren, ob das Lernen global über Smartphones möglich war und ob eine einfache Anmeldung und Identifikation möglich war – bestenfalls über die Verbreitung der Firmen-E-Mail-Adressen.

Zudem wurden klare Verantwortlichkeiten für die Erstellung und Pflege der Schulungsinhalte definiert, und es wurde beschlossen, Tutoren einzusetzen, die die digitalen Angebote begleiten sollten. Nicht zuletzt musste die Lernplattform in die bestehende Softwarelandschaft integriert werden – eine besondere Herausforderung für die LTI-Schnittstellenentwickler (Learning Tools Interoperability-Schnittstellenentwickler) des Teams.

Nach der Evaluierung verschiedener Anbieter im Rahmen einer Ausschreibung fiel die Wahl auf eine flexible, cloudbasierte E-Learning-Plattform mit interaktiven Elementen, Quizfragen und Zertifizierungsfunktionen.

Wichtig war, dass nicht nur Schulungsinhalte über die Plattform verteilt werden konnten – das ist schließlich weit verbreitet unter LMS-Anbietern –, sondern dass auch die Möglichkeit bestand, als Tutor direkt in der Plattform Tests zu erstellen. Eine weitere Herausforderung stellte der Sonderfall dar, dass einige der Schulungen flexibel entweder in Präsenz oder als Webinar stattfinden sollten, die Tests aber trotzdem individuell zugeteilt über das System erfolgen mussten. Und, last but not least, aufgrund der globalen Struktur des Unternehmens musste die Plattformoberfläche in mehr als 20 Sprachen angeboten werden. Eine lange Liste an Aufgaben und Herausforderungen – wo also anfangen?

Die Erstellung der Schulungsinhalte

Ein Expertenteam aus Sicherheitsbeauftragten und Didaktik-Spezialisten (moderner: Instructional Designern) stellte Lerninhalte zur Verfügung, darunter:

- Erklärvideos mit Praxisbeispielen
- Interaktive Simulationen zur Gefahreneinschätzung
- Wissensüberprüfungen

Es wurden teilweise Standardschulungsprogramme erworben, die man von den E-Learning-Agenturen anpassen ließ, ein großer Teil wurde jedoch neu und hochwertig als Schulungsprogramme erstellt. Und auch wenn die Möglichkeit zum eigenen Erstellen von Tests bestand, haben sich die Tutoren dankbar für einige vorerstellte Tests gezeigt (besonders die, die man für die rechtliche Absicherung benötigte). Die Erstellung der Tests erfolgte durch die gute Zusammenarbeit im Wechsel sowohl mit internen Ressourcen als auch als Auftragsproduktionen. Ein besonderes Augenmerk lag auf der einheitlichen Bedienung aller Kurse und einem einheitlichen Layout. Da Prävention gut ist, aber Kontrolle besser, kaufte das Unternehmen zusätzlich alle Lernprogramme mitsamt der Source Files, um künftig unabhängig agieren und die Trainings selbst anpassen zu können.

Dabei hat sich das Investieren in Mitarbeitende mit Autorentool-Erfahrung bezahlt gemacht: Durch den Fokus auf Articulate Storyline in den standardisiert gefertigten Programmen wird sich das Unternehmen durch gute Vorausplanung in kommenden Jahren wahrscheinlich viel Stress ersparen.

Das Rollout und die Implementierung

Nach erfolgreichen Tests mit Pilotgruppen wurde das E-Learning-Programm schließlich unternehmensweit eingeführt. Die Schulung wurde als verpflichtender Bestandteil der Arbeitssicherheit integriert, wobei die Mitarbeiter über Tablets, Computer oder Smartphones darauf zugreifen konnten. Diese Phase war sehr aufwendig: In manchen Ländern ging der Rollout schnell von der Hand, in anderen Ländern verlangte es dem Management viel Energie ab, die internen Widerstände der jeweiligen lokalen Führungskräfte zu überwinden. Das galt insbesondere in den Ländern, die in der Zwischenzeit bereits unabhängige, lokale digitale Lösungen entsprechend den jeweiligen Vorgaben des Landes selbst eingeführt hatten.

Fazit zu Fallstudie 2: Ergebnisse und Erfolge

Sechs Monate nach dem Rollout konnten folgende Ergebnisse festgehalten werden:

- Die Schulungskosten konnten spürbar reduziert werden.
- Es gab weniger Unterschiede in der Qualität der Schulungsergebnisse – die Fehlerquote im Umgang mit Maschinen konnte signifikant reduziert werden.
- Audit- und Compliance-Anforderungen wurden leichter erfüllt, da alle Schulungsnachweise digital vorlagen.

Obwohl das Programm erfolgreich war, traten auch Herausforderungen auf, die aber bewältigt werden konnten, sodass sich daraus einige »Lessons Learned« – oder auch gewonnene Erkenntnisse – ergaben:

- Die anfängliche Skepsis der Mitarbeitenden gegenüber einem zentral gesteuerten digitalen Lernen wurde durch Tutor-Schulungen, zielgerichtete Kommunikation und Motivationsanreize, diese Art des Lernens zu unterstützen, doch noch überwunden.
- Die Notwendigkeit einer stabilen technischen Infrastruktur, insbesondere in Produktionshallen, muss gegeben sein – oder rechtzeitig in Angriff genommen werden.
- Regelmäßige Updates der Inhalte sind zwingend erforderlich, um sich ändernde Vorschriften zu berücksichtigen – auch wenn dies nur durch kleinschrittige Arbeit durch die unterschiedlichen regionalen Vorgaben möglich ist.

TIPP-BOX

Technik darf kein Hindernis sein! Sorgen Sie frühzeitig für eine stabile technische Infrastruktur – gerade in abgelegenen Standorten – und achten Sie auf das real genutzte Schulungsequipment.

Insgesamt lässt sich festhalten: Die Einführung des E-Learning-Programms ist ein bedeutender Schritt zur Verbesserung der Arbeitssicherheitsschulungen. Das Programm erlaubt eine flexiblere und effizientere Schulung der gewerblichen Mitarbeitenden – bei gleichzeitiger Kostenreduktion und eindeutiger Qualitätsverbesserung. Ein Blick in die Zukunft: Künftig sollen weitere interaktive Elemente wie Virtual-Reality-Simulationen integriert werden, um das Lernerlebnis besonders für Produktionsprozesse noch praxisnäher zu gestalten.

Fallstudie 3: Einführung eines E-Learning-Programms zur Schulung von Mitarbeitenden zum Thema Informationssicherheit

Zur Ausgangssituation bei diesem Beispiel kann gesagt werden, dass das Bewusstsein und die Notwendigkeit zum Schutz sensibler Unternehmensdaten sich langsam in den Unternehmen festigen. Es lässt sich nicht abstreiten: Cyberangriffe, insbesondere Phishing-Angriffe, stellen eine ernsthafte Bedrohung für Unternehmen dar.

Ein international tätiges Finanzdienstleistungsunternehmen hat sich daher entschieden, ein E-Learning-Programm zur Schulung der Mitarbeitenden im Bereich Informationssicherheit einzuführen.

Das Besondere dabei war: Die ausgesuchte Lernplattform bietet interaktive Module und über die Plattform simulierte Phishing-Angriffe, um das Bewusstsein der Mitarbeitenden zu schärfen und gezielte Lerninhalte, basierend auf individuellen Testergebnissen, bereitzustellen. Besonders wichtig war in der Umsetzung, dass die Simulation und die Schulung automatisch verbunden stattfanden. Das Vorgehen hierbei war in der Cyber Security-Community nicht neu, als Teil eines LMS jedoch noch unbekanntes Gewässer. Neu war insbesondere die

Idee, dass man sichere Phishing-Simulationen durchführen konnte und den Usern, die unreflektiert verdächtige Links oder Dateien angeklickt hatten, passende Lernmodule zuweisen konnte.

Adobe Stock #1318385539/ronniechua

Die Vorgeschichte

Vor der Einführung des E-Learning-Programms wurden bereits durch externe Anbieter einige Phishing-Simulationen durchgeführt, deren Resultate nicht zufriedenstellend waren. Immer wieder wurden teilweise auch sehr auffällige Links und Dateien angeklickt. Hinzu kam eine allgemeine Herausforderung, die für alle Unternehmen gilt: Gut gemachte Social Engineering-Angriffe sind kaum aufzuhalten und können über scheinbar glaubwürdige Kontakte oft an relevante Informationen gelangen. Wie Sie sich vorstellen können, ist dies gerade für ein Unternehmen in der Finanzbranche langfristig nicht tragbar.

Die zentralen Probleme waren:

- Unterschiedliches Sicherheitsbewusstsein unter den Mitarbeitenden
- Hohe (wiederholte) Anfälligkeit für Phishing-Angriffe
- Fehlende Verknüpfung zwischen Schulungen zum Thema Informationssicherheit und der tatsächlichen Praxis

Dabei kristallisierten sich schließlich folgende Ziele für die Einführung des Programms heraus:

- Verbesserung des Sicherheitsbewusstseins aller Mitarbeitenden
- Automatische Anpassung der Schulungsinhalte, basierend auf individuellen Phishing-Testergebnissen
- Reduzierung erfolgreicher Phishing- oder Social Engineering-Angriffe
- Effiziente und nachhaltige Schulung durch praxisnahe Simulationen

Die erfolgreiche Umsetzung des Projekts

Die Um- und Einsetzung des E-Learning-Formats mit seiner Sonderfunktion erfolgte in mehreren Phasen: Zuerst standen die Bedarfsanalyse und die Auswahl der Plattform an. Es ging insbesondere darum, eine Plattform zu finden, mit der die Schulungen klassisch verwaltet werden konnten, bei der aber auch Zusatzfunktionen und Schnittstellen eingebunden werden konnten, die beispielsweise die Phishing-Simulationen ermöglichten. Dafür musste es möglich sein, die Plattform sowohl mit der Personalverwaltung als auch dem »normalen« LMS zu verbinden. Dann wurden die wichtigsten Schulungsthemen identifiziert, die der Anbieter mit der Plattform zur Verfügung stellen sollte, wobei diese an die Gegebenheiten des Unternehmens anpassbar sein mussten:

- Grundlagen der Informationssicherheit
- Erkennung von Phishing-Angriffen
- Sichere Passwörter und Authentifizierung
- Umgang mit sensiblen Daten

Nach der Evaluierung verschiedener Anbieter fiel die Wahl auf eine cloudbasierte Plattform mit interaktiven Modulen, Phishing-Simulationen und automatisierter Lernfortschrittsanalyse – ein Jackpot für dieses Use Case! In einem separaten Customizing-Prozess wurden die Plattform dafür zudem noch einmal im Detail angepasst, die Schnittstellen zur internen Personalverwaltung entwickelt und die Standardlernprogramme individualisiert.

Danach testete eine Pilotgruppe das Programm. Anhand der Rückmeldungen wurden Lerninhalte optimiert und die Simulationen an die Unternehmensrealität angepasst. Die Tests verliefen erfolgreich, sodass das E-Learning-Programm unternehmensweit eingeführt werden konnte. Alle Mitarbeitenden erhielten regelmäßig simulierte Phishing-Mails, deren Ergebnisse zur weiteren Anpassung der Schulungsinhalte genutzt wurden.

Durch das direkte Koppeln der Phishing-Nachrichten an die individuellen Schulungsmaßnahmen konnten nach sechs Monaten folgende Ergebnisse festgestellt werden:

- Die Anzahl der Mitarbeitenden, die bei einer Phishing-Kampagne fälschlicherweise auf Links klickten, sank signifikant.
- Die Mehrzahl der Mitarbeitenden bewerteten die Schulung im Anschluss als »praxisnah und nützlich«.
- Die Melderate verdächtiger E-Mails stieg signifikant an.
- Die IT vermeldete weniger Problemfälle durch das Anklicken kompromittierter E-Mails.

Auch bei diesem Projekt gab es einige Stolpersteine, die sich jedoch überwinden ließen. Als Lessons Learned nahmen wir mit:

- Der anfängliche Widerstand gegen die Phishing-Simulationen ließ sich durch transparente Kommunikation abbauen – das ist besonders wichtig im Vorfeld für Entscheidungstragende und im Nachgang für die Lernenden.
- Dem Widerstand des Betriebsrates konnte durch eine optional anonymisierte Auswertung begegnet werden.
- Regelmäßige Updates der Lerninhalte sind erforderlich und implementierbar, um gegen neue Bedrohungen gewappnet zu sein.
- Die frühzeitige Sicherstellung der technischen Infrastruktur für die Simulationen ist richtig und notwendig.

Fazit zu Fallstudie 3: Ergebnisse und Erfolge

Die Einführung des E-Learning-Programms erwies sich als wirksame Maßnahme zur Sensibilisierung der Mitarbeitenden für Informationssicherheit – sogar noch wirksamer als zu Beginn angenommen. Durch die Verbindung von Theorie und realistischen Simulationen konnte die Sicherheitskultur im Unternehmen langfristig verbessert werden. Zukünftig sollen weiterführende Module, wie etwa die Simulation von KI-gestützten Angriffsszenarien, implementiert werden, um das Training noch effektiver zu gestalten.

Fallstudie 4: Einführung eines E-Learning-Programms zur Schulung von Bankberatenden zum Thema Beratungsgespräch unter Berücksichtigung regulatorischer Auflagen

Beginnen wir wieder mit der Darstellung der Ausgangssituation: Die Finanzbranche unterliegt strengen Regeln und einer Reihe an Anforderungen – besonders im Bereich Kundenberatung. Bankberatende müssen regelmäßig ihr Wissen zu neuen Vorschriften und Compliance-Vorgaben auffrischen, um die rechtlichen Vorgaben einzuhalten und gleichzeitig erstklassige Beratung bieten zu können.

Eine mittelgroße Bank stellte sich dieser Herausforderung und führte ein innovatives E-Learning-Programm ein, das weit über herkömmliche Lernmodule hinausgeht. Neben klassischen Inhalten beinhaltet das neue Programm interaktive Fallstudien und simulationsbasierte Dialogschulungen, die sich neben den Fakten mit den Soft Skills in Beratungsgesprächen praxisnah beschäftigen.

Die Vorgeschichte

Vor der Umstellung gab es einige deutliche Probleme in den bestehenden Schulungsmaßnahmen: Die Bankberatenden verfügten über sehr unterschiedliche Kenntnisstände in Bezug auf regulatorische Vorschriften, und das bisherige E-Learning, das vor allem aus reinen und nicht vertonten Textbausteinen bestand, kam bei den Lernenden nicht gut an (Stichwort »ist alles sehr trocken«). Eine Analyse des Userverhaltens konnte auch klären, wie trotz ähnlicher Schulungsmaßnahmen der Unterschied in den Wissensständen zustande kam: Viele Teilnehmende haben das Training frühzeitig abgebrochen – sie sind in hoher Zahl direkt zum Test gesprungen, ohne sich wirklich mit dem Lernmaterial auseinanderzusetzen. Die Lösung: neuer Wind durch einen frischen, ansprechenderen Ansatz.

Die Zielsetzung des E-Learning-Programms

Mit dem neuen Schulungsprogramm wollte die Bank daher vor allem zwei Ziele erreichen: Einerseits sollte der Wissensstand der Beratenden einheitlich und langfristig verbessert werden, andererseits musste auch der primäre Fokus der ursprünglichen Schulungsmaßnahmen garantiert werden: die Beratungsqualität zu steigern und so die Kundenzufriedenheit zu erhöhen. Methodisch-didaktisch sollte die Kombination aus interaktiven Elementen und realitätsnahen Simulationen ermöglichen, den Schulungsinhalt moderner zu gestalten und die Teilnehmenden stärker einzubinden.

Die Implementierung des Programms

Wie lässt sich solch ein bewusst »innovativer Ansatz« umsetzen?

> **Anstatt trockene Fakten zu bieten, lag bei diesem Programm der Fokus auf Storytelling, um die Inhalte lebendiger zu vermitteln, auch mit einem Hauch Humor.**

Das Narrativ drehte sich um eine junge, erfahrene Mitarbeiterin, die einem älteren, neu gestarteten Kollegen die regulatorischen Vorgaben und Abläufe erklärt. Durch den Dialog zwischen beiden Figuren konnten typische Einwände und kritische Fragen, wie sie auch im echten Arbeitsalltag bei den Lernenden auftreten, direkt in die Szenen einfließen. Gleichzeitig wurde ein vielseitiger Medieneinsatz berücksichtigt, um die Lernenden von ihren bitteren Erfahrungen mit der ehemaligen Textwüste abzulenken. Besonders die geplanten Videosequenzen mit spielerischen Elementen wurden sorgfältig konzipiert, um die Geschichte visuell ansprechend zu erzählen.

Da alle Bankberatenden an PC-Arbeitsplätzen arbeiten, konnten überdies alle interaktiven Möglichkeiten von Articulate Storyline voll ausgenutzt werden, ohne sich zum Beispiel mit den Einschränkungen rund um die Bedienbarkeit und die Interaktionsformen auseinandersetzen zu müssen, die mobile Endgeräte einfordern würden.

Auch für die Produktion des Trainings galt, so modernes und frisches Design wie möglich einzusetzen. Ein weiterer expliziter Wunsch war der Einsatz von Realbildern. Illustrationen im Comic-Stil waren dabei explizit tabu, da keine Assoziationen mit dem doch eher altbackenen 1990er-Jahre-Look des alten Programms erzeugt werden sollten. Um sicherzustellen, dass die Lernenden sich sofort angesprochen fühlen, kam reichlich authentisches Bildmaterial aus den tatsächlichen Bankfilialen zum Einsatz. Statische Seiten, die nur aus Bild und Text bestanden, wurden nahezu vollständig vermieden – stattdessen fanden sich überall interaktive Elemente wie klickbare Bereiche, Animationen und Übungen.

Als Produktionswerkzeug wurde von Beginn an Articulate Storyline angestrebt, um zukünftige Anpassungen unabhängig, also ohne eine Agentur, vornehmen zu können. Für die Videoaufnahmen wurden professionelle Schauspieler gecastet, da es sich als schwierig erwies, möglichst echt wirkende Sprechrollen mit Laien zu besetzen. Gedreht wurde sowohl nachts in einer echten Bankfiliale als auch in einem im Studio nachgebauten Besprechungszimmer. Neben den beiden Hauptdarstellern gab es auch verschiedene Kundenrollen, die entweder direkt in den Videos vorkamen oder aber nachträglich auf grafisch gestalteten Seiten simuliert wurden. Um die Vertonung interessanter zu machen, wurden neben den Schauspielenden mehrere Sprecherstimmen und KI-generierte Stimmen eingesetzt.

Die Test- und die Feedbackphase

In der Testphase stand – eben durch die vorhergehende große Unzufriedenheit und Abbruchquote – vor allem die Akzeptanz der Lernenden im Mittelpunkt. Schon während der Entwicklung wurden fertige Kapitel wiederholt unter die Lupe genommen – das Feedback und die Verbesserungsvorschläge der User konnten so direkt in die weitere Ausarbeitung einfließen. In der anschließenden (sonst eher unüblichen) Pilotphase wurde mit den Möglichkeiten des LMS genau analysiert, wie die Teilnehmenden mit dem Programm interagierten. Schließlich stand die Frage im Raum, ob die Abbruchquote spürbar gesenkt werden konnte. Dabei zeigte sich, dass die Inhalte mancher Seiten noch nicht optimal zugänglich waren, was sich in der Verweildauer der Lernenden widerspiegelte. Diese Seiten wurden deshalb gezielt überarbeitet, um die Probleme zu beheben. Besonders durch die Erkenntnisse der Pilotphase konnten also die Stolpersteine beseitigt werden, an denen die vorherige Maßnahme gescheitert war.

TIPP-BOX

Pilotphasen lohnen sich besonders bei Neueinführungen anderer Methoden, Plattformen oder Formate. Frühzeitiges User-Feedback und Analysen der Interaktion im LMS sind essenziell, um Schwachstellen der Schulungsmaßnahme zu erkennen. Anpassungen während der Testphase können über den Erfolg des gesamten Programms entscheiden.

Fazit zu Fallstudie 4: Ergebnisse und Erfolge

Alles in allem hat sich die Einführung des E-Learning-Programms als wirksame Lösung für die Schulung von Bankberatenden im Hinblick auf regulatorisch konforme Beratungsgespräche erwiesen – die die Beratenden auch tatsächlich im Rahmen des Trainings eingeübt haben. Durch die gelungene Verbindung von theoretischem Wissen und praxisnahen Simulationen konnte die Beratungsqualität messbar verbessert werden. Aus Sicht der Bank hat sich der erhebliche zeitliche und finanzielle Aufwand inklusive zusätzlicher Review-Phasen durch die Pilotphase für die Entwicklung des Programms letztlich mehr als bezahlt gemacht – die Bankentscheidenden blicken mithilfe dieser Erkenntnisse optimistisch in die Zukunft.

▶ QUICKREADER:
Das Wichtigste dieses Kapitels im raschen Überblick

- **Wichtige Kriterien für erfolgreiches E-Learning sind die adaptive Lerntechnologie, die multisensorische Verarbeitung, die Wiederholung und Festigung durch Microlearnings, die Nutzerfreundlichkeit und die Skalierbarkeit sowie das soziale und kollaborative Lernen in digitalen Umgebungen.**
- **Das belegen auch Fallstudien gelungener E-Learning-Initiativen und -Programme.**
- **Bedürfnisse und Bedenken können im Vorfeld oft durch Zielgruppenanalysen aufgefangen und gezielt adressiert werden.**
- **Der Einsatz von gezielter Lerntechnologie für besonders praxisnahe Erlebnisse macht sich oft bezahlt und sorgt für höhere Wirksamkeit und Zufriedenheit bei den Lernenden.**
- **Bei der Verwirklichung eines E-Learning-Programms tauchen zwar auch Stolpersteine auf. Doch so gut wie immer lassen sich diese aus dem Weg räumen, sodass es zu Lernprozessen und zu »Lessons Learned« für das nächste Projekt kommt.**

KAPITEL 7

Künstliche Intelligenz, Virtual Reality, Augmented Reality und das Lernen von morgen

Künstliche Intelligenz (KI), Virtual Reality (VR) und Augmented Reality (AR) verändern die Welt. Dazu gehört auch die Art und Weise, wie wir lernen, und das eröffnet spannende neue Möglichkeiten. Durch die neuen Technologien wird das Lernen nicht nur interaktiver und effektiver, sondern auch für Menschen auf der ganzen Welt leichter zugänglich.

Künstliche Intelligenz eröffnet neue Möglichkeiten

Beginnen wir unsere KI-Reise mit den Lernvideos, denn diese sind ein zentraler Bestandteil vieler E-Learning-Angebote.

Lernvideos in verschiedenen Sprachen – automatisch erstellt

Oftmals stehen die Inhalte in Lernvideos nur in einer Sprache zur Verfügung, was den Zugang für internationale Zielgruppen erschwert. Die reale Zwischenlösung – wenn nicht die Zielsprache, sondern der Inhalt im Vordergrund steht –sind oft Videovarianten in höchstens ein bis zwei Sprachen (meistens Deutsch und Englisch). Realistisch lassen sich weitere Sprachen finanziell oft nur als Untertitel-Lösungen umsetzen, da das Budget für mehr nicht freigegeben wird – so bleiben viele Potenziale ungenutzt. Zukünftig kommt hier womöglich KI ins Spiel: Mit moderner Sprachverarbeitung kann KI die Videos nicht nur übersetzen, sondern auch synchron nachvertonen. Das bedeutet, dass die Stimmen in einem Video so angepasst werden, als würde die Person selbst in der neuen Sprache sprechen. Rechtlich ist das mit den passenden Nutzungsvereinbarungen des originalen Sprechers auch unbedenklich – was bei Eigenproduktionen sehr hilfreich ist.

Für Unternehmen und Bildungseinrichtungen ist das eine große Chance. Sie können Inhalte ohne großen Aufwand global verfügbar machen. Außerdem hilft diese Technologie, sprachliche und kulturelle Barrieren zu überwinden, etwa in international aufgestellten Teams. So können alle Mitarbeitenden unabhängig von ihrer Sprache die gleichen hochwertigen Inhalte nutzen.

Sprechende Avatare – mit Gestik und Mimik

Der nächste Schritt sind voll generierte KI-Avatare. Diese Avatare sehen mithilfe der KI nicht nur echt aus, sondern bei ihnen kann auch fast-natürliche Mimik und Gestik verwendet werden. Das Besondere daran: Solche Avatare können für jede Zielgruppe angepasst werden. Zum Beispiel kann ein Unternehmen einen Avatar erstellen, der die Kultur oder Sprache seiner Mitarbeitenden widerspiegelt, ohne dass dabei die Inhalte neu entworfen werden müssen. Studien zeigen, dass diese persönliche Ansprache der Lernenden ihr Engagement deutlich steigert.[5] Lernende fühlen sich direkt angesprochen, bleiben aufmerksam und können die Inhalte besser aufnehmen.

Der Personalisierungseffekt dieser Technologie geht weit über die reine Anpassung der Sprache hinaus. Ein Avatar, der den Lernenden optisch und kulturell vertraut ist, kann eine starke emotionale Verbindung schaffen. Ein praktischer Anwendungsfall ergibt sich hier für Organisationen, die international tätig sind: Sie könnten verschiedene Versionen eines Avatars entwickeln, die jeweils die typische Kleidung, Gestik oder Akzente der jeweiligen Region nutzen. Diese Maßnahmen schaffen ein Gefühl von Vertrautheit und Respekt, was sich positiv auf die Lernbereitschaft auswirkt. Lernende nehmen Inhalte besser an, wenn sie das Gefühl haben, dass sie speziell für sie entwickelt wurden. Ein persönlich wirkender Avatar kann außerdem helfen, komplexe Inhalte einfacher zu erklären, weil die nonverbale Kommunikation (wie ein lächelndes Gesicht oder eine beruhigende Geste) die Verständnisprozesse unterstützt. Aber Achtung: Es geht nicht darum, bestehende Techniken zu ersetzen, sondern darum, Methoden zur Verstärkung von Lerneffekten anzuwenden, die bisher aus Kostengründen nicht genutzt worden sind.

Ein weiterer Vorteil beim Einsatz von Avataren ist die Flexibilität: Avatare können Inhalte rund um die Uhr präsentieren und sogar auf Fragen reagieren, wenn sie mit KI-gestützten Systemen kombiniert werden. So entsteht eine interaktive Lernerfahrung, die an individuelle Bedürfnisse angepasst ist. Sehr beliebt sind deshalb auch KI-gesteuerte Chatbots. Eigene Chatbots durch ChatGPT-Ableger sind bereits bei Großkonzernen sowie mittelständischen Unternehmen weit verbreitet. Zudem entwickeln immer mehr Unternehmen konkret auf sie abgestimmte Large Language Models.

Chatbots in Gesprächssimulationen

Chatbots eröffnen im Bereich der Gesprächssimulationen neue Möglichkeiten für das Training von Soft Skills, für den Umgang mit Kunden oder für das Erlernen einer Zielsprache, mit der dann eine bestimmte Aktivität ausgeübt werden kann. In simulierten Dialogen können sie als realistische Gesprächspartner eingesetzt werden, die durch das gezielte Anfüttern mit relevanten Daten im Vorfeld darauf trainiert werden können, spezifische Szenarien abzubilden, wie zum Beispiel Verkaufsgespräche, Verhandlungen oder Kundengespräche.

TIPP-BOX

Diese Anwendungen sind besonders hilfreich in Bereichen, in denen praxisnahe Kommunikationsfähigkeiten entscheidend sind, wie etwa im Kundenservice, Vertrieb oder auch für Gespräche mit anderen Mitarbeitenden. Prüfen Sie, inwiefern dies in Ihrem Bereich möglich und zielführend ist.

Die Fähigkeit der Chatbots, unterschiedliche Gesprächsstile und Emotionen zu simulieren, schafft dabei eine authentische Lernumgebung. So können auch Personas – also fiktive Nutzende, Kundinnen und Kunden – entwickelt werden, durch die Vertriebler ein besonderes Gefühl für unterschiedliche Verkaufs- oder Beratungssituationen bekommen können.

Ein weiterer Vorteil ist die Möglichkeit, Lernende in einem sicheren Raum üben zu lassen, ohne dass Fehler reale Konsequenzen haben. Die Chatbots können gezielt auf häufige Fehler eingehen und direkt Feedback geben, sodass sich die Lernenden kontinuierlich verbessern können. Auch negative Reaktionen können durch das Anfüttern mit Daten im Vorfeld festgelegt werden – aber eben so, dass Lernende keine realen Konsequenzen fürchten müssen und auch mal absichtlich etwas »Falsches« ausprobieren können.

Bei Zielsprachenschulungen, etwa im Dienstleistungssektor oder im Einzelhandel, kommt es zu besonders spannenden Möglichkeiten, denn die Chatbots können für bestehendes Material für Rückfragen genutzt werden oder die Lerninhalte, bestenfalls, flexibel auf das Sprachniveau der Nutzenden abstimmen und den Schwierigkeitsgrad entsprechend anpassen. Zukunftsmusik wäre hierbei die Entwicklung von KI-gestützten Gesprächssimulationen über rein textbasierte Interaktionen hinaus: Sprachgesteuerte Systeme sind auf dem Vormarsch, und so könnten virtuelle Avatare es ermöglichen, Gespräche in nahezu realer Atmosphäre zu führen. Hier könnten Chatbots in Kombination mit Technologien wie Virtual Reality immersive Erlebnisse schaffen, die das Gefühl eines echten Gesprächs vermitteln.

In jedem Fall hilft diese Art der Anwendungen den Lernenden bereits jetzt, nicht nur ihre kommunikativen Fähigkeiten zu verbessern, sondern auch ihr Selbstvertrauen in realen Gesprächssituationen zu stärken.

Chatbots für FAQs und als Tutoren

Ein wesentlicher Einsatzbereich von Chatbots im E-Learning ist die automatisierte Beantwortung von häufig gestellten Fragen. Neben ihrer möglichen Rolle als FAQ-Problemlöser können Chatbots überdies als digitale Tutoren eingesetzt werden. Chatbots können Fragen zu

Kursinhalten, technischen Problemen oder organisatorischen Abläufen in Echtzeit beantworten, was den Zugang zu relevanten Informationen und die Funktion als »Nachschlagewerk« auch im Nachgang erleichtert. Sie reduzieren beispielsweise die Belastung von Support-Teams und ermöglichen es Lernenden, schneller Lösungen zu finden. Je nachdem, wie gut und zielbringend das Material im Vorfeld bereits mit der KI im Hinterkopf aufbereitet wurde, können diese Systeme komplexe Fragen interpretieren und präzise Antworten geben, oft ergänzt durch weiterführende Links oder spezifische Handlungsanweisungen.

Ein entscheidender Vorteil ist hier wieder die Skalierbarkeit und zeitliche Verfügbarkeit im Vergleich zu realen Tutoren. Chatbots sind jederzeit erreichbar und können eine unbegrenzte Anzahl von Lernenden gleichzeitig betreuen.

Wenn Sie bei der Entwicklung die Unterstützung Ihrer IT bekommen, ist es durchaus möglich, dass sich das System durch Machine Learning, Deep Learning und Co kontinuierlich verbessert, indem der Chatbot aus Interaktionen lernt und seine Antworten anpasst.

Ein besonders beliebter Anwendungsfall sind Support-Bots für Programmschulungen. Diese Chatbots können Lernende direkt in Software-Umgebungen unterstützen, indem sie spezifische Fragen zu Funktionen, Einstellungen oder Workflows beantworten. Für externe Software gibt es oft bereits ausführliche Guides und FAQs im Internet, die sich unkompliziert zum Large Language Model hinzufügen lassen. Zum Beispiel könnte ein Bot am Ende einer Schulung zu einer geläufigen Tabellenkalkulationssoftware über eine Schnittstelle direkt ins Training eingebunden werden. Hier kann der Chatbot auf Rückfrage erklären, wie Formeln eingegeben oder wie komplexe Datenanalysen durchgeführt werden. Darüber hinaus können solche Bots Schritt-für-Schritt-Anleitungen geben oder interaktive Tutorials starten, die

Nutzende direkt durch die Nutzung der Software führen. Für Software in Eigenentwicklungen gibt es ähnliche Regeln, nur dass dabei zusätzlich auf die intensive Aufarbeitung des Ausgangsmaterials geachtet werden muss.

Egal, ob öffentlich verfügbare oder interne Softwareentwicklungen: Ein solcher Bot erleichtert den Einstieg in neue Programme und minimiert Frustrationen, die durch Unsicherheiten oder technische Hürden entstehen können.

KI-gestützte Visualisierungen

Kunst durch Künstliche Intelligenz ist eine der prominentesten Arten, wie KI aktuell in der Gesellschaft auftritt. Sie bietet für Visualisierungen im E-Learning-Bereich viele Möglichkeiten, um Inhalte optisch zu gestalten. Mithilfe von Generative-AI-Tools (kurz GenAI) werden zunehmend Grafiken oder Illustrationen, aber auch 3D-Modelle erstellt, die (möglichst) exakt auf die Anforderungen des Lernmaterials zugeschnitten sind.

»Möglichst exakt« – das ist hier jedoch auch die Krux: Trotz der vielen Möglichkeiten bringen KI-gestützte Visualisierungen viele Herausforderungen mit sich. Ein bekanntes Problem sind gestalterische Fehler: Die menschliche Anatomie erweist sich als große Herausforderung, etwa mit sechsfingerigen Händen oder merkwürdigen Verzerrungen in Posen und Perspektiven. Sollten Sie durch KI je Angst um Ihren Job haben: Bitte erlauben Sie sich einen Spaß und lassen Sie Bilder von Menschen generieren, die Spaghetti essen. Denn bei der Darstellung von Alltagsgegenständen wie Essen stößt die Technologie oft an ihre Grenzen, da sie Schwierigkeiten hat, natürliche Texturen, Formen und den Kontext solcher Objekte realistisch darzustellen – es wird mit den Händen direkt in die Carbonara gegriffen, oder Männer haben plötzlich einen Spaghetti-Bart. Diese Einschränkungen liegen in vielen Bereichen vor und erfordern (trotz erheblicher Fortschritte) eine intensive Nachbearbeitung der KI-generierten Inhalte, um ein professionelles und realistisches Ergebnis zu erzielen.

Bei Themen, die eine präzise und visuell korrekte Darstellung erfordern – und das ist bei allen Schulungsthemen der Fall, speziell im medizinischen und technischen Training –, können diese Probleme den Einsatz von KI erschweren.

Ein wesentlicher positiver Aspekt bei der Nutzung von KI für Visualisierungen ist der moderne und ästhetische Look, der dabei entsteht. Während KI-gestützte Tools auf den ersten Blick dic Produktion von Bildmaterial zu vereinfachen scheinen, ist der Aufwand für das Generieren und die Nachbearbeitung oft vergleichbar mit dem von traditionellem Material – zum Beispiel dem Heraussuchen und Aufbereiten von Stock-Material. Besonders bei spezifischen Anforderungen – wie einem Protagonisten in einer bestimmten Uniform, dargestellt in verschiedenen Posen und mit unterschiedlichen Emotionen – stößt die generative KI häufig an ihre Grenzen. In solchen Fällen ist es oft effizienter und kostengünstiger, mit traditionellen Illustratorinnen oder Mediengestaltern zusammenzuarbeiten, die präzise und individuell auf die gewünschten Vorgaben eingehen können.

Spannend wird die Nutzung von KI-generierten Visualisierungen jedoch vor allem in Szenarien, in denen wenig oder gar kein Stock-Material verfügbar ist.

Die Möglichkeit, mit KI völlig neue visuelle Welten zu schaffen, eröffnet kreative Spielräume für das Storytelling im E-Learning.

So können Lernende beispielsweise durch fiktive Umgebungen geführt werden, die speziell für das Training in einer Branche oder das Erleben von anderweltlichen Szenarien entwickelt wurden. Eine immersive, visuell ansprechende Lernumgebung – wie eine leuchtende Cyberpunk-Stadt für eine IT Security-Schulung – kann das Engagement der Lernenden erheblich steigern.

Zum moralisch-ethischen Umgang mit KI

Der Einsatz von KI im E-Learning erfordert einen bewussten und verantwortungsvollen Umgang, insbesondere in Hinblick auf die ethischen und rechtlichen Vorgaben wie den EU AI Act. Dieses Gesetzeswerk der Europäischen Union – eine KI-Verordnung – zielt darauf ab, KI-Systeme so zu regulieren, dass sie sicher, transparent und diskriminierungsfrei sind. Hierbei stehen auch Datenschutz und Urheberrechte im Fokus.

Für den Bildungsbereich bedeutet dies, dass KI-Tools nicht nur technisch robust, sondern auch fair und inklusiv gestaltet werden müssen. Es ist entscheidend, dass KI-basierte Anwendungen keine unbewussten Vorurteile reproduzieren oder verstärken, etwa durch diskriminierende Algorithmen.

Anbieter von E-Learning-Lösungen stehen somit (wenn sie »nur« als KI-Anwender auftreten) in der Verantwortung, sicherzustellen, dass die eingesetzten KI-Systeme regelmäßig geprüft und überwacht werden, um die Einhaltung dieser Standards zu garantieren. Insofern Sie KI auch selbst entwickeln und/oder vertreiben, kommen natürlich entsprechend der EU-KI-Verordnung noch andere Verantwortungen hinzu.

Neben der rechtlichen Dimension spielt die gesellschaftliche Verantwortung eine zentrale Rolle. Bildung ist ein Grundpfeiler sozialer Teilhabe, und KI im E-Learning sollte dazu beitragen, Barrieren abzubauen, anstatt neue zu schaffen. Transparenz ist ein essenzieller Faktor: Lernende und Lehrende sollten darüber informiert werden, wie KI im

Hintergrund arbeitet, welche Daten verarbeitet werden und welche Entscheidungen automatisiert getroffen werden. Als positiver Nebeneffekt stärkt dies das Vertrauen in die Technologie, und ermöglicht es den Nutzenden, informierte Entscheidungen zu treffen. Nur durch einen verantwortungsvollen und inklusiven Ansatz kann KI dazu beitragen, Bildungsangebote zu demokratisieren und den gesellschaftlichen Nutzen zu maximieren. Der Fokus sollte nicht darauf liegen, Kosten zu senken und auch nicht darauf, die Kosten von Expertise vollständig zu umgehen – vielmehr geht es darum, bisher ungenutzte Lücken zu erschließen, um Lernangebote für breitere Zielgruppen nutzbar zu machen.

Checkliste: Einsatzmöglichkeiten von KI

Automatische Erstellung von Videos in verschiedenen Sprachen

- ❑ **Übersetzen von Lernvideos, optional: nachsynchronisieren**
- ❑ **Erleichtert globalen Zugang zu Inhalten: überwindet Sprachbarrieren**
- ❑ **Erweitert Zielgruppe: umgeht fehlendes Budget für mehrsprachige Inhalte**

Einsatz von KI-Avataren

- ❑ **Realistische Avatare mit Mimik und Gestik, die sich kulturell und sprachlich anpassen lassen**
- ❑ **Engagement durch personalisierte Ansprache, emotionale Verbindung und nonverbale Kommunikation, hoher Personalisierungseffekt**

Chatbots für Interaktivität und Training

- ❑ **Simulation von Gesprächen für Soft Skills und Sprachtrainings**
- ❑ **Bieten personalisiertes Feedback auf Fragen sowie eine sichere Übungsumgebung**
- ❑ **Skalierbare Unterstützung als Tutor oder für FAQs, auch in Software-Trainings beliebt**

KI-gestützte Visualisierungen

- ❑ **Moderner, beliebter Look**
- ❑ **Ermöglicht immersive Szenarien, etwa für spezielle Branchen- oder Storytelling-Konzepte**
- ❑ **Herausforderung: Nachbearbeitung erforderlich, um visuelle Genauigkeit sicherzustellen**

TIPP-BOX

Setzen Sie KI gezielt ein, um Lücken zu schließen, Ihre Zielgruppe zu unterstützen und Lernprozesse zu personalisieren – jedoch immer mit dem kritischen Blick auf hohe Qualität, nicht immer geringen Nachbearbeitungsaufwand und der Gewährleistung, dass ethisch legitimiertes Handeln berücksichtigt wird.

Mit Augmented Reality und Virtual Reality bessere Lernergebnisse erzielen

Besonders Augmented Reality (»erweitere Realität«, kurz AR) und Virtual Reality (»simulierte Realität«, kurz VR) bieten spannende Möglichkeiten, um Lernprozesse auf völlig neue Weise zu gestalten. Diese Technologien können den Lernenden nicht nur theoretisches Wissen vermitteln, sondern auch praktische Erfahrungen, die in traditionellen E-Learning-Formaten oft fehlen. Zur Unterscheidung: Bei AR geht es darum, »echte« Realität um virtuelle Elemente zu ergänzen. Bei VR wird jene »echte« Realität ausgeblendet. Die Nutzenden tauchen in eine virtuelle Welt ein.

Einsatzgebiete von AR und VR

Ein besonders vielversprechender Bereich für den Einsatz von AR und VR sind Werksführungen und Geräteschulungen. Durch den Einsatz von VR können Mitarbeitende in einer vollkommen simulierten Umgebung durch Produktionsstätten oder Anlagen geführt werden, ohne physisch vor Ort sein zu müssen. Diese virtuellen Rundgänge ermöglichen es, komplexe Produktionsprozesse oder Maschinen in 3D zu erkunden und direkt mit ihnen zu interagieren. Dadurch können neue Mitarbeitende oder auch bestehende Mitarbeitende ihre Kenntnisse vertiefen, ohne dass dafür teure Reisen nötig sind oder Maschinen im Betrieb stillgelegt werden müssen.

Darüber hinaus bieten AR und VR für viele andere Bereiche im E-Learning enorme Potenziale. In der medizinischen Ausbildung etwa können angehende Ärzte komplexe chirurgische Eingriffe virtuell üben und dabei risikofrei ihre Fähigkeiten verbessern. In der Ingenieursausbildung lassen sich technische Konstruktionen und Funktionsweisen von Maschinen in einer immersiven 3D-Umgebung darstellen, die das Verständnis für komplexe Zusammenhänge deutlich erleichtert. Soft Skills wie Verhandlungstechniken oder Führungskompetenzen können durch VR-Simulationen von Gesprächssituationen oder Kriseninterventionen trainiert werden.

Ein weiterer Vorteil liegt in der Interaktivität und dem praktischen Erleben. Lernende können in einer virtuellen Umgebung aktiv werden, anstatt nur passiv Informationen aufzunehmen. Dies erhöht das Engagement und verbessert langfristig den Lerntransfer. In der Zusammenarbeit können Teams sogar in virtuellen Räumen zusammenarbeiten, um zum Beispiel an Projekten zu arbeiten oder Probleme zu lösen. Das ist gerade in global agierenden Unternehmen von unschätzbarem Wert.

Insgesamt könnten AR und VR das E-Learning in den kommenden Jahren revolutionieren, indem sie das Lernen zugänglicher, praktischer und spannender machen.

Werksführungen und Geräteschulungen sind nur der Anfang – der Nutzen dieser Technologien reicht weit darüber hinaus und könnte in zahlreichen Branchen und Anwendungsbereichen Einzug halten.

Kinderkrankheiten von VR und AR – und wie sie sich überwinden lassen

Trotz der spannenden Möglichkeiten, die Augmented Reality und Virtual Reality im E-Learning bieten, sind sie noch nicht so weit verbreitet, wie es viele Experten vor ein paar Jahren vorhergesagt haben. Der Grund dafür liegt in mehreren praktischen und technologischen Herausforderungen, die den flächendeckenden Einsatz dieser Technologien bislang bremsen.

Ein wesentlicher Grund ist der Kostenfaktor. AR- und VR-Technologien erfordern spezielle Hardware wie VR-Headsets oder leistungsstarke

Endgeräte, die oft noch recht teuer sind. Diese hohen Anfangsinvestitionen sind vor allem für kleinere Unternehmen oder Bildungseinrichtungen eine große Hürde. Neben den Anschaffungskosten gibt es auch laufende Wartungs- und Updatekosten, die den Einsatz weiter erschweren. In vielen Fällen ist es für Unternehmen schlichtweg nicht wirtschaftlich, in diese Technologien zu investieren, wenn es zum Beispiel ein statisches 360°-Bild einer Umgebung auch tun würde.

Ein weiterer Stolperstein ist die technologische Reife. Obwohl sich die Technik in den letzten Jahren stark weiterentwickelt hat, gibt es immer noch Herausforderungen im Bereich der Benutzerfreundlichkeit. Einige VR-Systeme, besonders die immersiven Headsets, können nach längerer Nutzung Unwohlsein oder Motion Sickness (eine Reise- oder Bewegungskrankheit) hervorrufen. Dieses Phänomen tritt auf, wenn es einen deutlichen Unterschied zwischen der Bewegung, die der Körper wahrnimmt, und der Bewegung in der virtuellen Welt gibt. Das Ergebnis sind Symptome wie Übelkeit, Schwindel oder Kopfschmerzen, was das längere Arbeiten mit VR mehr als unangenehm macht. Dieser Effekt ist ein echtes »Dealbreaker«-Hindernis, vor allem für Lernende, die empfindlich darauf reagieren – für sie ist das Format schlichtweg nicht nutzbar. Zudem sind die Benutzeroberflächen vieler VR-Systeme noch nicht immer intuitiv, was den Einstieg für weniger technikaffine Nutzende erschwert.

Es mangelt auch immer noch an genügend Inhalten und Anwendungen, die speziell auf AR und VR zugeschnitten sind. Den Luxus von Baustein-Autorentools gibt es für diese Methodik nicht. Viele Unternehmen und Bildungseinrichtungen verfügen bislang noch nicht über die nötigen Ressourcen oder die Expertise, um die Inhalte von Grund auf selbst zu entwickeln und so den vollen Nutzen dieser Technologien ausschöpfen zu können. Durch VR und AR treten auch Probleme in den logistischen und infrastrukturellen Anforderungen auf.

Für die Nutzung von AR und VR sind häufig ein spezielles Equipment, ein geeigneter Raum oder die reale Schulungsfläche notwendig, sodass es gerade in großen Organisationen oder bei verteilten Teams schwierig ist, diese Technologien effizient zu nutzen.

Für Lernende im Homeoffice ist es zudem problematisch, sich eine entsprechende technische Ausstattung anzuschaffen. Das setzt eine hohe Investition und Platzbedarf voraus – eine Voraussetzung, die nicht alle erfüllen können oder wollen.

Obwohl einige der genannten Herausforderungen in naher Zukunft mit der Weiterentwicklung der Technologie gelöst werden können, werden andere wohl ein dauerhaftes Hindernis darstellen. Der Kostenfaktor dürfte mit der Zeit an Bedeutung verlieren, da die Hardware mittelfristig günstiger wird und sich die Marktverhältnisse ändern. Auch die Entwicklung von besseren und benutzerfreundlicheren Systemen ohne negative Nebenwirkungen wie Motion Sickness ist in Aussicht, da die Technologie immer weiter verfeinert wird. Verbesserte Headsets und optimierte Benutzeroberflächen könnten das Nutzererlebnis in den kommenden Jahren zusätzlich verbessern.

Allerdings bleibt der Infrastrukturaufwand ein zentrales Hindernis, besonders in großen Unternehmen und bei verteilten Teams. Auch das Erstellen von Inhalten für AR und VR wird weiterhin Zeit und Ressourcen erfordern, sodass der flächendeckende Einsatz dieser Technologien im E-Learning noch einige Jahre auf sich warten lassen könnte.

In der Zwischenzeit könnten hybride Lösungen, die sowohl klassische E-Learning-Methoden als auch vereinzelte AR/VR-Elemente integrieren, eine praktikable Übergangslösung darstellen.

Der größte Pluspunkt für diese Formate ist und bleibt jedoch die Immersion und die damit verbundene Lernmotivation. Durch die Möglichkeit, Lerninhalte in eine virtuelle oder erweiterte Realität einzubetten, können Lernende in eine völlig neue, interaktive Lernumgebung eintauchen. Besonders in praktischen Anwendungen wie Werksschulungen, Simulationsübungen oder Sicherheitsübungen können AR und VR die Lernenden besser auf reale Situationen vorbereiten als traditionelle Lernmethoden. Nicht zuletzt könnte die fortschreitende Verbreitung und Verbesserung von AR/VR-Software und -Hardware in naher Zukunft zu einer breiteren Zugänglichkeit und Integration in den Bildungsbereich führen, was die Technologie noch vielseitiger und kostengünstiger machen könnte.

Zusammengefasst lässt sich sagen: Auch wenn AR und VR noch vor Herausforderungen stehen, ist die Zukunft dieser Technologien im E-Learning vielversprechend. Sie haben das Potenzial, den Lernprozess interaktiver, effektiver und engagierter zu gestalten, was langfristig zu besseren Lernergebnissen führen wird – wenn ein Unternehmen sich die notwendigen Investitionen leisten kann.

TIPP-BOX

Starten Sie auch hier zunächst mit kleinen Pilotprojekten, um die Technologie zu testen. Sie könnten auch zunächst mit statischen 360°-Umgebungen arbeiten, um die Akzeptanz unter den Lernenden zu testen.

Ein Beispiel für ein Pilotprojekt ist: Einfache, aber wirkungsvolle Anwendungen könnten eine virtuelle Werksführung oder eine sichere Simulationsumgebung für Gefahrensituationen sein. Diese Arten von AR/VR-Anwendungen sind unkompliziert umzusetzen und bieten zugleich einen hohen praktischen Nutzen.

▶ QUICKREADER:
Das Wichtigste dieses Kapitels im raschen Überblick

- **Durch Künstliche Intelligenz, Virtual Reality und Augmented Reality ergeben sich neue Möglichkeiten des E-Learnings.**
- **Das Lernen gestaltet sich durch diese Technologien interaktiver, effektiver, zugänglicher, praktischer, spannender und auch noch unterhaltsamer.**
- **Besonderen Nutzen bringen diese Technologien für Technik- oder medizinische Simulationen sowie für digital begleitete Führungen.**
- **Der Einsatz ist jedoch oft mit hohen Implementierungskosten und Expertise verbunden, die sich (noch) nicht jeder leisten kann.**

Ausblick und Schlussfolgerungen

Digitaler Wandel ist ein fortlaufender Prozess, der großartige Chancen bietet

Nachdem Sie sich durch dieses Buch gearbeitet haben, verfügen Sie über ein fundiertes und praxisorientiertes Verständnis dafür, wie Sie den digitalen Wandel in Ihrer Bildungslandschaft erfolgreich gestalten können. Vielleicht haben Sie bereits eine erste Idee, wie Sie das Gelernte in die Praxis umsetzen möchten? Vielleicht denken Sie darüber nach, ein Lernmanagementsystem zu implementieren oder innovative Lernmethoden wie Blended Learning oder Gamification auszuprobieren? Unabhängig davon, wie Sie Ihren Einstieg gestalten: Ihr Weg hat gerade erst begonnen, und die Möglichkeiten und Vorteile, die Sie auf diesem Weg nutzen können, sind so vielfältig wie die Herausforderungen, die Sie dabei zu meistern haben.

In den Kapiteln dieses Buches haben Sie eine Vielzahl an Lösungsansätzen und Strategien kennengelernt, die Sie dabei unterstützen werden, die technologischen, didaktischen und sozialen Herausforderungen des E-Learnings zu bewältigen.

> **Jede dieser Herausforderungen erfordert einen individuellen Ansatz, doch die im Buch vermittelten Werkzeuge und Methoden bieten eine solide Grundlage, um Ihre E-Learning-Projekte erfolgreich umzusetzen.**

Der Austausch von Erfahrungen und das kontinuierliche Überdenken und Anpassen Ihrer Konzepte ist dabei von entscheidender Bedeutung. Denn E-Learning ist nicht nur eine technische Aufgabe, sondern vor allem eine Chance, eine neue Lernkultur zu etablieren, die den Bedürfnissen und der Motivation der Lernenden gerecht wird. Eine Lernkultur, die Flexibilität und individualisierte Lernwege fördert und die Lernerfahrung insgesamt bereichert.

Die Technologien, die wir in diesem Buch vorgestellt haben – von Lernmanagementsystemen bis hin zu innovativen Anwendungen wie Künstlicher Intelligenz und Virtual Reality – eröffnen Ihnen eine Vielzahl an Möglichkeiten, um Ihre Lernangebote interaktiv, ansprechend und zukunftssicher zu gestalten. Doch Technologien allein reichen nicht aus.

Der pädagogische Ansatz, den Sie wählen, ist entscheidend für den Lernerfolg.

Konzepte wie Blended Learning, der Flipped Classroom oder Gamification bieten Ihnen nicht nur neue Wege, Lernende aktiv in den Lernprozess einzubeziehen, sondern fördern auch eine nachhaltige Wissensvermittlung, die über die reine Wissensaufnahme hinausgeht. Unsere praxisnahen Fallstudien und Best-Practice-Beispiele haben Ihnen gezeigt, wie diese Methoden in der Praxis erfolgreich umgesetzt werden können und welche positiven Effekte sie auf die Lernenden haben.

Ein wichtiger Bestandteil dieses Buches war auch ein vertiefender Blick auf die Didaktik der Andragogik – der Erwachsenenbildung. Ein zentraler Grundsatz der Andragogik ist die Anerkennung der Selbstbestimmtheit und Eigenverantwortung der Lernenden. Erwachsene Lernende haben bereits viel Lebenserfahrung und verfügen über einen großen Wissenspool, den sie in den Lernprozess einbringen. Deshalb steht in der Andragogik nicht nur die reine Wissensvermittlung im Mittelpunkt, sondern vielmehr die Förderung von selbstgesteuertem Lernen. Das bedeutet konkret, dass Lernende die Möglichkeit haben sollten, ihren Lernprozess selbst zu gestalten, Entscheidungen über die Lerninhalte und -methoden zu treffen und ihre Fortschritte selbst einsehen zu können, sei es über Zertifikate, Fortschrittsbalken oder Sammelobjekte. Gleichzeitig muss das Lernen immer einen klaren Bezug zur Praxis haben und den individuellen Bedürfnissen der Lernenden gerecht werden.

Relevante Lerninhalte sind der Schlüssel zu den beruflichen oder persönlichen Zielen der Lernenden. Nachhaltig und langfristig!

Natürlich dürfen wir bei all den Chancen nicht die Herausforderungen aus den Augen verlieren. Im digitalen Lernen stehen Sie immer wieder vor technischen Hürden, datenschutzrechtlichen Fragen und der Notwendigkeit, Lernprozesse sowohl inhaltlich als auch didaktisch sinnvoll zu gestalten. Diese Herausforderungen erfordern eine systematische und gut durchdachte Herangehensweise. Doch Sie haben nun eine Vielzahl an Lösungsansätzen zur Hand, die Ihnen helfen werden, diese Hindernisse zu überwinden. Egal, ob es darum geht, den Datenschutz zu wahren, technische Probleme zu lösen oder den richtigen Mix aus Lernmethoden zu finden: Mit den in diesem Buch vorgestellten Strategien und Best Practices werden Sie Ihre E-Learning-Projekte kontinuierlich verbessern und optimieren können.

Technologien wie Künstliche Intelligenz und hybride Lernmodelle bieten enormes Potenzial, Lernprozesse noch individueller und flexibler zu gestalten. Der Erfolg im digitalen Lernen wird zunehmend von der Fähigkeit abhängen, Theorie und Praxis miteinander zu verbinden, kontinuierliches Feedback in den Lernprozess zu integrieren und datengestützte Analysen zu nutzen, um den Lernfortschritt ständig zu optimieren. Mit diesen Möglichkeiten eröffnen sich neue Perspektiven für die Gestaltung von Lernangeboten. Aktuell muss aber gerade bei AR und VR vorsichtig getestet werden, ob sich eine Erstinvestition lohnen würde.

Denken Sie daran: Der digitale Wandel ist ein fortlaufender Prozess, kein einmaliges Projekt. Die Veränderungen im Bildungsbereich sind dynamisch, und es geht darum, regelmäßig neue Ideen auszuprobieren, Konzepte weiterzuentwickeln und sich stets an den Bedürfnissen der Lernenden zu orientieren. Sie sind als E-Learning-Verantwortliche und E-Learning-Verantwortlicher in einer Schlüsselrolle, um die Bildungslandschaft aktiv mitzugestalten. Ihre Entscheidungen und Ihre Fähigkeit, den digitalen Wandel voranzutreiben, üben einen direkten Einfluss auf die Lernenden und die Bildungseinrichtungen aus, mit denen Sie arbeiten. Die Zukunft der Bildung ist spannend und voller Potenzial – und Sie können einen entscheidenden Beitrag dazu leisten.

Genug gewarnt – der Weg in die digitale Bildungswelt ist vor allem mit zahlreichen Chancen gespickt. Mit den Erkenntnissen und Werkzeugen, die Sie aus diesem Buch gewonnen haben, sind Sie gut vorbereitet, die Zukunft des Lernens aktiv mitzugestalten. Wir hoffen, dass Sie das Wissen und die Anregungen erfolgreich in Ihrem Arbeitsalltag umsetzen und weitergeben können. Der digitale Wandel ist kein abgeschlossener Prozess, sondern ein fortlaufender, spannender Weg. Wir begleiten Sie gern auf diesem Weg – Schritt für Schritt, stets offen für neue Ideen und innovative Möglichkeiten.

Anmerkungen

1 Simon Sinek: Start with Why: How Great Leaders Inspire Everyone to take Action. Portfolio / Penguin 2009.

2 Lev S. Vygotsky: Mind in Society: The Development of higher psychological Processes. Harvard University Press 1978.

3 Gisela Steins, Anna Haep: Soziales Lernen – Angewandte Sozialpsychologie für Lernende und Lehrende in Schule und Universität. In: Gruppe. Interaktion. Organisation. Zeitschrift für Angewandte Organisationspsychologie, 45 (1), 2014.

4 Ladan Shams, Aaron R. Seitz: Benefits of multisensory Learning. In: Trends in cognitive sciences, 2008, 12. Jg., Nr. 11, S. 411–417. Und: Richard E. Mayer, Roxana Moreno: Nine Ways to reduce cognitive Load in multimedia Learning. In: Educational Psychologist, 38 (1), 2003, S. 43–52.

5 Robert K. Atkinson, Richard E. Mayer, Mary Margaret Merrill: Fostering social agency in multimedia Learning: Examining the Impact of an animated Agent's Voice. In. Contemporary Educational Psychology, 30 (1), 2005.

Stichwortverzeichnis

Über die Autorin und den Autor

Guy Fischer ist gemeinsam mit Thomas Knoblauch Gründer und Namensgeber der Unternehmensgruppe Fischer, Knoblauch & Co. Als verantwortlicher Geschäftsführer laufen bei ihm alle Fäden zusammen. Seit der Gründung 1996 erstellt die Agentur hochwertige E-Learning-Produkte, Lernstrategien und digitale Lernplattformen. Dabei arbeiten sie stets an der Entwicklung neuer, innovativer Technologien. Als Leitziel von Fischer, Knoblauch & Co. hat Guy Fischer sich vorgenommen, Kundinnen und Kunden immer mit den neuesten technischen und didaktischen Produkten zu versorgen und bei jedem Schritt des Weges bestmöglich zu beraten.

Franziska Melzig ist als Konzeptionistin und Instructional Designerin bei Fischer, Knoblauch & Co. für die Neuentwicklung digitaler Lernprodukte zuständig. Vom Studium für Höheres Lehramt und dem Bachelor in Sprach-, Literatur- und Kulturwissenschaften kann sie im Unternehmensalltag der E-Learning-Agentur stark profitieren – dazu gehören die Konzeption neuer Web Based Trainings, redaktionelle Tätigkeiten und die kundennahe Beratung zu den umfassenden Lernlösungen. Besonders in den Bereichen Gamification und Storytelling ergeben sich hier die Möglichkeiten zur steten Weiterentwicklung, nach denen sie in der Konzeption moderner Lernprodukte strebt.

Kontakt: **www.fkc-online.com**